No caminho para a escola

Editora Appris Ltda.
1.ª Edição - Copyright© 2019 da autora
Direitos de Edição Reservados à Editora Appris Ltda.

Nenhuma parte desta obra poderá ser utilizada indevidamente, sem estar de acordo com a Lei nº 9.610/98. Se incorreções forem encontradas, serão de exclusiva responsabilidade de seus organizadores. Foi realizado o Depósito Legal na Fundação Biblioteca Nacional, de acordo com as Leis nos 10.994, de 14/12/2004, e 12.192, de 14/01/2010.

Catalogação na Fonte
Elaborado por: Dayanne Leal Souza
Bibliotecária CRB 9/2162

M336n
2019

Marilete, Mary
   No caminho para a escola / Mary Marilete. –
1. ed. – Curitiba: Appris, 2019.
120 p. ; 21 cm.

Inclui bibliografias.
ISBN 978-85-473-3977-7

1. Ficção brasileira. 2. História. 3. Superação. I. Marilete, Mary. II. Título.

CDD – 869.3

Appris
editora

Editora e Livraria Appris Ltda.
Av. Manoel Ribas, 2265 – Mercês
Curitiba/PR – CEP: 80810-002
Tel. (41) 3156 - 4731
www.editoraappris.com.br

Printed in Brazil
Impresso no Brasil

Mary Marilete

No caminho para a escola

FICHA TÉCNICA

EDITORIAL	Augusto V. de A. Coelho
	Marli Caetano
	Sara C. de Andrade Coelho
COMITÊ EDITORIAL	Andréa Barbosa Gouveia (UFPR)
	Jacques de Lima Ferreira (UP)
	Marilda Aparecida Behrens (PUCPR)
	Ana El Achkar (UNIVERSO/RJ)
	Conrado Moreira Mendes (PUC-MG)
	Eliete Correia dos Santos (UEPB)
	Fabiano Santos (UERJ/IESP)
	Francinete Fernandes de Sousa (UEPB)
	Francisco Carlos Duarte (PUCPR)
	Francisco de Assis (Fiam-Faam, SP, Brasil)
	Juliana Reichert Assunção Tonelli (UEL)
	Maria Aparecida Barbosa (USP)
	Maria Helena Zamora (PUC-Rio)
	Maria Margarida de Andrade (Umack)
	Roque Ismael da Costa Güllich (UFFS)
	Toni Reis (UFPR)
	Valdomiro de Oliveira (UFPR)
	Valério Brusamolin (IFPR)
ASSESSORIA EDITORIAL	Natalia Lotz Mendes
REVISÃO	André Luiz Cavanha
PRODUÇÃO EDITORIAL	Lucas Andrade
DIAGRAMAÇÃO	Bruno Ferreira Nascimento
CAPA	Eneo Lage
COMUNICAÇÃO	Carlos Eduardo Pereira
	Débora Nazário
	Karla Pipolo Olegário
LIVRARIAS E EVENTOS	Estevão Misael
GERÊNCIA DE FINANÇAS	Selma Maria Fernandes do Valle

Dedico este livro a todas as pessoas que acreditam na força do pensamento e fazem do sonho uma realidade.

AGRADECIMENTOS

Agradeço a Deus do Universo.

PREFÁCIO

José Munhoz da Cunha Neto nasceu em 1964. Sua vida começa a mudar em 1972, quando ele começa a frequentar a escola: aluno dedicado, atencioso nos estudos. Sua educação vem de berço.

Cada dia para ele ir à escola é motivo de alegria, riso, aventura e muita emoção.

No caminho ele faz amizade com todos que encontra.

Nasceu pobre, foi criado na simplicidade e humildade. Sua vida se torna um verdadeiro exemplo de fé e de coragem.

Seu objetivo é dar condições de vida melhores para seus pais e avós.

Menino de olhos brilhantes, alguns de seus amigos eram seu Pedro e moradores dos sítios.

Verdadeiro exemplo para seus colegas de classe.

Ler é viajar em meio à ilusão, que muitas vezes nos leva para realidade, na qual nos permitimos conhecer um pouco da mente humana.

Có, cócócóóó! O galo canta às cinco da manhã, pois lá no sítio a vida começa cedo.

José levanta animado e rapidinho se arruma para ir à escola. Na mesa um simples café da manhã, feito com muito carinho por sua mãe. Mesmo assim ele é feliz com o que tem.

Pega sua sacola de pano, coloca no ombro e vai para a escola.

José conversa com ele mesmo.

— Agora é verão. O difícil vai ser quando chegar o inverno. Preciso estudar para ser alguém na vida. Não posso desistir: meus pais e avós merecem uma vida melhor. Vou lutar por eles!

Em seguida, escuta a passarinhada cantando e José pergunta aos pássaros: "é bom ter asas e voar... um dia eu vou voar".

O menino continua caminhando e criando em sua mente todas as coisas que deseja para o futuro.

Mais à frente ele passa pelo sítio do seu Joaquim.

— Bom dia, seu Joaquim. Como está o senhor?

— Bom dia, José. Vou bem. E você? Estude para ter uma boa profissão e garantir seu futuro.

— Minha vida vai bem, seu Joaquim. Gosto muito de estudar. E a malhada, já teve bezerro?

— Não. Acho que de hoje não passa.

— Vou andar. Tchau, seu Joaquim.

— Tchau, José.

José está ansioso para conhecer o novo bezerro e, passando ao lado do rio onde vem pescar com seus pais, ele pensa "eita! Que lugar bom de viver".

Quando ele vê um tatu correndo, em seguida os filhotinhos entram na mata e somem, uma linda borboleta azul voa colorindo a bela paisagem.

Mais alguns metros ele chega ao sítio da dona Maria.

— Bom dia, dona Maria.

— Bom dia, José. Como vai você e sua mãe?

— Estamos bem. A senhora vai lá conversar com ela quando tiver um tempo. Vou indo, dona Maria.

— Se cuide, José.

O menino passa ao lado do milharal, onde sempre corre o risco de encontrar cobra. Ele caminha por ali com certo cuidado.

José avista uma carroça de longe. Disse: "é visita para algum sitiante". A carroça some, José fica com medo e se esconde. Do jeito que a carroça veio, passou. Em seguida, ele lembra que a carroça sumiu porque havia uma descida e sai do esconderijo dando uma gargalhada: "o que o medo não faz...".

José avistou uma paquinha deitada no chão, em meio a um amontoado de folhas secas. Percebeu que ela estava com as patas da frente e o focinho com espinhos. Ele sabia que se não tirasse ela iria morrer. E falou: "vai doer, mas seja corajosa... você foi brigar logo com porco espinho". Após ter tirado os espinhos, colocou-a em uma tóca que fizera em outros tempos para esconder um filhote de jabuti que havia se perdido da mãe. O menino trouxe para paquinha milho e semente. E assim nasceu uma linda amizade.

Depois da recuperação da paquinha, ela deixa para o amigo no mesmo lugar onde ele a encontrou ferida sementes. Quando José chega a algum sítio vizinho, ela fica do lado de fora e espera. Ao retornar, Princesa (nome dado à paquinha), anda ao lado dele por uma longa distância.

— Psiu! Princesa, tem algum animal olhando para nós. As árvores estão balançando e isso faz um tempo, perto de uns dois meses. Não tem vento. Só pode ser macaco!

José apanha um pedaço de pão embrulhado em um pano, uma banana, e coloca em cima da pedra do outro lado da estrada. Senta-se no chão e a Princesa fica ao seu lado.

Em seguida sai um macaco em meio à mata, que sobe na pedra pega o pão, cheira e deixa de lado. Pega a banana e come, senta-se na pedra e fica olhando para José com a Princesa.

José coça a cabeça e o macaco ri. José bate palma, o macaco bate palma e pula para traz. O menino ri da espertiza da criatura. A paca caminha em direção ao macaco, fica na ponta das patas traseiras, ergue o focinho em sua direção e cheira. Depois de certo tempo, os três tornam-se amigos e José ganha dois amigos que lhe fazem companhia no caminho para a escola.

No próximo sítio, José toma café com dona Domingas. O café vem acompanhado com deliciosos bolinhos de chuva. Sobre a mesa da varanda, duas canecas de alumínio esmaltadas em branco com algumas flores pintadas.

Dona Domingas espera José com muita alegria.

— Olá, dona Domingas. Como está a senhora? Melhorou da dor nas costas de ontem?

— Meu querido José, estou na idade do com dor.

— Como assim, dona Domingas?

— Com dor aqui, com dor ali...

— A senhora gosta de fazer graça! Hahaha...

— Graça é o porco que anda de cabeça baixa de vergonha da mãe dele ser uma porca.

José ri.

— José, tome o café, porque você precisa continuar seu caminho para a escola.

— Mas então eu sirvo o café para a senhora.

— Ah, como você é cavalheiro.

— Que delícia esses bolinhos. A senhora colocou pedaços de banana na massa... hummm!

— Lembrei que você gosta, por isso coloquei.

— Esse café que somente a senhora sabe fazer. E tá tudo uma delícia, mas vou indo, pois não quero chegar atrasado.

— É sempre um prazer esperar você com o café da manhã, meu amigo. Não pude estudar porque meu pai achava que mulher tinha que somente lavar, passar, cozinhar e cuidar de filho...

— A senhora sabe assinar o seu nome?

— Nunca peguei em um lápis. Agora vai meu amigo.

— Tchau, dona Domingas.

José segue com feição cabisbaixa. Chega a dar até certa tristeza, pois ele, com 12 anos de idade, há quatro anos tomando café com dona Domingas, jamais imaginara que sua amiga com 58 anos nem sequer sabia assinar seu próprio nome. Ele sabe que o estudo faz falta para qualquer ser humano.

Caminhando ao lado do sítio do seu Adão, José o observa cortando lenha. Abre a porteira e puxa assunto:

— Bom dia, seu Adão. Vim ver como está o senhor.

— Eu queria saber o que você vê de bom no dia. Me deixa trabalhar!

— O senhor está assim porque a sua esposa faleceu...

— Já sei. Não precisa você ficar lembrando. Vá embora!

— Já tô indo. O senhor me desculpe. Só queria saber como vai sua vida.

— E você acha que eu ainda tenho vida? Sai...

José não consegue se aproximar de seu Adão e fica chateado por vê-lo triste. Ele sabe que seu Adão nunca foi estúpido.

Olhando para o céu José vê dois papagaios voando juntos. Um sozinho voando e gritando, chamando seu companheiro. José compara a dor do seu Adão com a do papagaio.

No caminho ele encontra um senhor.

— Olá, piá[1]. Tô procurando o sítio do seu Gumercindo. Você sabe quantos quilômetros fica até lá?

— Bom dia! O sítio do seu Gumercindo vai dar uns 10 quilômetros. O senhor irá passar cinco sítios, no próximo é o do seu

---

[1] Vem do tupi, "*pyã*", que pode significar "coração" ou "entranha", a depender da região. Era uma palavra só utilizada por mães para se referirem aos seus filhos nas comunidades indígenas do tronco linguístico tupi, mas que acabou se difundindo também no português. Também conhecido como menino.

Gumercindo, que tem uma porteira branca, com um pé de flor vermelha de um lado e do outro um pé de flor rosa.

— Obrigado.

— O senhor é parente do seu Gumercindo?

— Sou genro dele. Tô indo conhecer o sítio. Se eu gostar, mudo para lá com a família. E você, tem quantos anos?

— Doze. Tô indo para a escola.

— Tenho dois filhos. Um na sua idade e outro com 9 anos.

— Qual a distância da escola até no sítio que você mora?

— Doze quilômetros.

— A escola é bem mais perto.

— Onde eu moro fica a 60 quilômetros.

— Nossa é bem longe... qual o nome dos seus filhos?

— Adailton e Adalberto.

— Vou ter dois amigos para irmos juntos para a escola. Vou andando, para não chegar atrasado.

— Qual é seu nome?

— José Munhoz da Cunha Neto.

- O meu é Antônio. José, continua sua caminhada então.

Bate o cansaço e José avista o sítio do seu Pedro. Caminha um pouco mais e chega.

— Oh José, bom dia.

— Bom dia, seu Pedro. Nossa, como os porquinhos estão começando a correr...

— Eles gostam de ficar na lama o dia inteiro fazendo bagunça.

— A dona Domingas falou que o porco anda de cabeça baixa de vergonha de a mãe dele ser uma porca hahahahaha...

— A Domingas desde que eu a conheço sempre conta piadas, mas essa é boa hahahahaha...

— Nossa, ainda bem que tô quase chegando à escola. Depois passo aqui.

— Vou te dar torresmo na volta.

— Gosto de colocar torresmo em cima do pão e tomar com café.

— Você sabe o que é bom hein.

José começa a andar e seu Pedro fica admirado pela força e capacidade do menino vencer na vida.

Seu Pedro fala em alta voz:

— Esse piá vai longe. Tem tudo para se dar bem na vida. Ele só não vai ter aquilo que não quiser. Pensar que tem aluno que poderia estar estudando, porém está jogando tempo fora. Meu sobrinho tem tudo e não dá valor.

— Tô quase chegando – diz José.

— Oi, José. Está cansado?

— Bastante, Rosa. E você?

— Cansada de andar de carroça! Seu pai tinha de ter uma boa carroça para trazer você.

— Ele não pode comprar agora, com a doença do meu avô meu pai gastou tudo que tinha.

— José, seu pai é inteligente. Logo consegue comprar uma carroça e seu avô irá se recuperar.

— Obrigado, Rosa, por suas boas palavras.

— José, você está cansado? Entre, só falta você e a Rosa.

— Bom dia, professora. Cansado é pouco: minhas pernas doem, mas daqui a pouco passa.

— Bom dia, para todos.

— Bom dia, professora Orandina.
— O que vocês têm de fazer na sala de aula?
A classe toda responde:
— Estudar para vencer na vida!
— Muito bem! Hoje quero ver qual o grau de atenção de todos na história que vou ler.

— No reino aquático, existia um peixinho conhecido como Colorido. Com a boca vermelha, suas nadadeiras amarelas, bem no meio delas o formato de olho. Ele nadava no vasto oceano. Tinha amizade com Migo, um caranguejo que perdera uma perninha e ficava sempre dentro de uma concha agarrado no pescoço da Cabeçuda, tartaruga com mais de 40 anos. Também tinha como sua amiga a Sininho, uma baleia azul. Eles viviam juntos e um cuidava do outro, até que um dia Migo saiu de perto dos seus amigos um polvo apareceu e engoliu o caranguejo. Colorido, Sininho e Cabeçuda saíram procurando mar adentro o amigo, até que veio um velho caranguejo e disse "eu vi quando o polvo engoliu o amigo de vocês". A baleia pergunta "ei, e como você sabe que é o nosso amigo?". E ele respondeu: "todos conheciam o sem perninha sabemos que vocês sempre foram amigos". Sininho subiu rápido para a superfície e, chegando lá em cima, deu um grito como um sino. Cabeçuda então disse, "entra aqui na minha boca, Colorido". E ele respondeu "tá maluca? Agora deu para comer peixe é? Justamente eu!". "Entra logo, do jeito que ela vem você vai bater as botas". E ele disse "agora deu... que negócio é esse de bater as botas? Eu nem uso botas". Após Colorido entrar na boca da amiga, ela mergulha rápido e entra em um buraco onde permanecem por dois dias. Alguns dias depois a Cabeçuda foi colocar ovos na areia, era chegada a hora. Colorido e Sininho acompanharam a amiga até próximo do local da desova. Na volta, uma baleia azul foi morta por pescadores. Cabeçuda e Colorido permaneceram amigos: onde um ia, o outro estava junto. Colorido então diz: "Cabeçuda, olha lá em cima! É uma baleia!". Cabeçuda olha para o amigo, desiludida e responde: "nossa amiga morreu e esse é apenas um barco".

A professora seguiu com a história:

— Será que o pescador que matou nossa amiga está aí nesse barco, Cabeçudinha?

— Não, Colorido. Ele deve de estar bem longe com seu barco de vida longa. Nós é que temos vida curta.

— Ah, então eu quero ser um barco, Cabeçudinha.

— E trazer pescadores para nos matar e matar nossos amigos?

— O que você acha, Cabeçudinha? Vamos vingar a morte da nossa amiga Sininho!

— Eu odeio quando você me chama de Cabeçudinha. Tá bom, seu, seu, seu, palhaço.

— Epa! Tá levando pro lado pessoal! Eu sou Colorido. Palhaço é outro peixe, meu primo.

— Mas que essa sua cabeça é grande, ah é.

— Não precisa ficar falando, Palhaço. Aí você tá forçando a amizade.

Vem nadando uma tartaruga macho que para e diz:

— Ai, sua cabeça é linda igual a você. Tá querendo conhecer outros mares comigo, lindinha?

— Te conheço? – diz Cabeçuda.

— Não, mas pode me chamar de Príncipe.

— Ei, pera aí! Ela já tem compromisso comigo! – diz Colorido com certa bravura.

— Você é sem noção hahahahahaha. E aí, vai Cabeçudinha lindinha, eu me apaixonei por você.

— Eu e o sem noção perdemos dois amigos. Ele só tem eu, mas vamos combinar em qual onda você vai estar.

— Eu tô indo pro sul. Até mais, a gente se fala! Vou te esperar, Cabeçudinha.

— Como você vai me reconhecer?

— Pelo cheiro: ele é o único.

E a tartaruga macho nada para o sul.

— Cabeçudinha, aí gosto. Achei que fosse morrer de emoção.

A tartaruga vira para o peixinho e fala:

— Faz um favor: daqui para frente só me chame de Cabeçudinha.

— Ei, espera aí. Quando eu lhe chamei de Cabeçudinha você quase me bateu. Aí vem um da sua espécie e te chama de Cabeçudinha e você se derreteu toda. Qual a diferença de nós dois?

— Sem noção, você acabou de falar que ele é da minha espécie.

— É, e qual a minha chance?

— Hahahahaha, amigos.

– Ah, mas e se eu for uma tartaruga macho, assim como ele?

– Você jamais será uma tartaruga macho.

– Você tem problema nessa sua minúscula cabeça.

– Como assim? Não tô entendendo. Vamos embora, sem noção.

– Cabeçudinha, você tá estranha depois que aquele macho cruzou nosso caminho. Ele é feio e nem te conhece e logo vem querendo te arrastar para outros mares. Ele é quem é: sem noção de perigo.

– Nós estávamos falando de vingar a morte da nossa amiga, a Sininho, baleia azul, você lembra?

– Não. Essa se chama a lei da sobrevivência: o pescador a matou para tirar o óleo e a carne. Ele se sustenta do mar.

– Eu sou um peixe, mas queria ser um barco.

– Por quê?

– Eles são bonitos, fortes e duram para sempre.

– Nem todos são bonitos, fortes e nada dura para sempre.
– Vamos embora?
– Para onde, Cabeçudinha?
– Só quero ser um barco.
Cabeçuda irrita-se com Colorido.
– Você nunca será um barco!
Colorido fica triste, nada para longe da Cabeçuda e esbarrando de frente a uma baleia, diz:
– Olhe por onde nada, Baleia Azul!
– Você tá muito valente para um peixinho não acha?
Colorido reconhece a amiga e faz a festa...
– Sininho, você não morreu! O que aconteceu?
– Era a outra baleia azul. Quando a vi morrendo nadei pro mais fundo do mar. Aí quando voltei vocês tinham sumido e desde então venho a procurar. E você tá sozinho por quê?
– Eu e a Cabeçuda, cada um nadou para um lado.
– Voltei até no local onde ela fez a desova, mas não encontrei vocês. Ela tá onde?
– Foi nadando para aquele lado do sul. Deve de ter ido encontrar com o Príncipe, tartaruga macho que queria levar ela para nadar em outros mares.
– Que história é essa?
– Pode e ele ainda me chamou de sem noção, porque eu falei que ela tinha compromisso comigo.
– Hahahahaha com você... é impressão minha ou você tá apaixonado?
– Ela é a tartaruga mais linda que eu já vi nesses oceanos.
– Vamos encontrá-la.
Sininho emite um som que percorre no oceano por 30 quilômetros, que perguntava a suas amigas baleias.

– Amigas vocês viram uma tartaruga verde, com uma cabeça grande? Ela tem uma mancha no casco.

Em seguida uma baleia responde com um som bem perto.

– Ela está aqui ao lado de um barco de pesca.

Sininho sabe pelo som da amiga que lado ela se refere.

– Entra na minha boca, peixinho colorido. Vamos nadar atrás da nossa amiga.

Os três amigos se encontraram e viveram felizes se aventurando nos oceanos, um cuidando do outro.

A professora passa entregando uma folha a cada um dos alunos.

– Vocês irão escrever nessa folha sobre a história que eu acabei de ler, valendo nota. Quero saber qual o grau de atenção de todos.

Enquanto a professora passa, ela observa Beatriz com uma marca roxa no braço. A aluna, quando percebe que a professora vê, puxa a manga da blusa.

– Beatriz, depois no fim da aula eu quero falar com você.

O intervalo rápido, os alunos entram para sala de aula, escrevem sobre a história, cada um que entrega a professora que corrige e dá nota.

– Todos já entregaram. As notas foram boas, mas vocês podem melhorar. Basta ter mais atenção!

Chega ao final da aula, todos os alunos estão na saída da escola. Quando Maria pergunta para José:

– José, você não fica cansado de andar longe?

– Às vezes, Maria.

– Minha prima falou que você é louco por vir de longe só para querer ser rico.

– Eu sou rico!

– Hahahaha você, José... não sei de onde!

Afonso e Joaquim escutam a conversa e chegam perto de Maria e José[2].

– Haha, ai ai, desde quando pobre, feio e negro pode ser rico!

José olha, sai cabisbaixo e chorando. Afonso e Joaquim vão embora a cavalo, rindo. Então José fala em voz alta para si mesmo:

– Não tenho culpa de ter nascido pobre e negro. Enxergo tudo como as pessoas enxergam, tenho sentimento como qualquer ser humano e o sangue é vermelho igual a todos os seres humanos... Ei! Espera aí! Sou pobre por enquanto. Negro sim, com orgulho. Mas feio não! Sou bonito. E além do mais, eu disse rico, mas eles não entenderam, rico de saúde.

Na sala de aula fica a professora Orandina e Beatriz.

– Beatriz, quero que você me fale a verdade: o que é essa mancha roxa no seu braço? Noto que você veste somente blusa de manga comprida e nas aulas de educação física você sempre acha uma desculpa para não fazer atividade.

– Não tenho nada. Só não gosto de usar roupa de educação física.

– E a marca roxa?

– Caí.

– É mesmo, Beatriz? Então faz favor: tire essa blusa de lã, que está quente e você está suando. Pode ficar tranquila, pois ninguém irá ver.

– Professora, eu não quero fazer isso.

– Se eu não souber a gravidade do seu problema, como poderei ajudar?

A menina tira a blusa e a professora leva um susto.

– Beatriz, quem fez isso em você?

---

[2] Na época em que a história foi escrita, nesta parte, no ano de 1978, algumas pessoas eram preconceituosas, mas não havia leis.

– Minha mãe foi embora. Cansou de apanhar do meu pai… ficou eu e dois irmãos. Ele bebe e espanca a pequena e, quando estou perto, pego-a no colo para defender. E ele acaba me batendo. Não solto minha irmã até ele parar. Agora, professora Orandina, a senhora sabe. Se o meu pai imaginar que eu contei para a senhora, eu vou levar uma surra. Não conte para ninguém.

– Beatriz, isso é muito grave. Vai deixar marcas muito profundas em você e em seus irmãos. Vou te ajudar. Só me dá um tempo até amanhã! Prometo que isso tudo vai acabar. Vem cá! Deixa eu te abraçar.

As lágrimas saem dos olhos de Beatriz.

– Professora, faz tempo que eu não sei o que é um abraço. Quando minha mãe vivia conosco ela nos defendia e abraçava.

– Você sabe onde ela está?

– Ela foi para Encantado. Ela vai trabalhar, juntar dinheiro e voltar para buscar eu e meus irmãos. Meu pai não pode saber.

– Faz quanto tempo que ela foi?

– Uns três meses.

– E você tem o endereço dela.

– Sim. Ela me manda cartas na casa da vizinha. Tenho uma carta aqui guardada.

– Eu posso ler?

– Pode, professora Orandina.

"Meus filhos minha vida é trabalhar tenham somente um pouco mais de paciência.

Falta eu comprar as camas e terminar de ajeitar algumas coisas. Quero uma vida melhor e tirar vocês o mais rápido possível daí. Não esqueço um só momento de vocês. Vamos ser muito felizes. Eu tô trabalhando em dois serviços para trazer vocês.

Seu irmão tá trabalhando. Fala para ele que eu vou arrumar um serviço para ele aqui.

Não esqueça: quem desiste são os fracos e vocês jamais serão fracos. Falta pouco para o fim do ano. Vamos viver juntos!

Beijos. Amo vocês!"

– Nossa, sua mãe tem coragem. Ela é forte e decidida. Vamos embora. Se seu pai perguntar por quê você chegou tarde, fale que você estava me ajudando a arrumar a sala.

As duas vão embora abraçadas.

Enquanto isso José vai abrindo a porteira.

– Seu Pedro?

– José, entra aí. Tô pegando o torresmo para você. Quer água? Pega aí, você é de casa.

– Fico com sede no caminho. Minha mãe fala para eu trazer água, mas é muito peso. Os cadernos e a água, andar por 12 quilômetros, tudo vai pesando.

– Vamos almoçar.

Depois do almoço seu Pedro e José vão ao estábulo.

– José, eu quero que você conheça meu cavalo.

– Que bonito, seu Pedro. Qual o nome dele?

– Pangaré. Vou viajar e preciso que você cuide dele para mim.

– É só falar o que devo fazer.

– Primeiro pedir autorização para seus pais.

– Eu peço, seu Pedro.

José vai embora e acelera o passo

Diz José ao chegar em casa:

– Pai... mãe... seu Pedro vai viajar e pediu para eu cuidar do Pangaré.

– Helena, o que você acha?

– Francisco, você que sabe! Acho que seu Pedro vai fazer nosso filho trabalhar de graça para ele.

– Helena, calma. Conheço seu Pedro, ele jamais faria isso.

José fica olhando para seus pais. Francisco fica com dó do filho.

– José, sei como você está feliz. Pode cuidar do Pangaré.

– Obrigado, pai.

José abraça seu pai.

– Mãe, eu amo a senhora.

José beija sua mãe no rosto e dá um forte abraço.

– Francisco, vai debulhar o milho pras galinhas. José vai fazer as tarefas escolares, depois vai ajudar seu pai.

– Pai, onde eu coloco os milhos? Pensei em criarmos uns porquinhos.

– José, eu construí uma caixa de madeira com tampa para proteger os milhos. É essa aqui. Quanto a essa sua vontade de criar porcos: é boa, mas agora não temos o suficiente.

– Vou crescer e ficar rico e teremos muitos porcos.

– Você tem que estudar!

– Pai, quando o seu Pedro me chamou para conhecer o Pangaré, eu achei ele bonito. O senhor conhece ele?

– Sim. Eu e seu avô.

Helena coloca alguns pedaços de bolo de fubá no prato, alcança-o para o filho José e diz:

– José, leve este prato.

– Mãe, o que tem aqui? Tá um cheiro bom.

– Bolo de fubá meu filho!

Os avós de José moram no mesmo sítio. Ele chega à casa e se deita ao lado de seu avô.

– Vô, seu Pedro pediu para eu cuidar do Pangaré. Ele vai viajar e precisa de alguém que cuide do cavalo. O Pangaré é bonito, com aquele peito branco e nas quatro patas a mesma cor branca. O resto do corpo dele é preto, com pelos que chegam a reluzir no sol.

– É, meu neto, eu conheço o Pangaré e cheguei a conhecer o pai dele, que seu Pedro quase matou.

– O que aconteceu?

– Seu Pedro tem uma fazenda enorme.

– É mesmo? Eu não sabia.

– Ele tinha um filho de 14 anos que gostava de cavalgar pela fazenda e um dia o menino passou embaixo de uma árvore. Em um dos galhos tinha uma cobra coral enrolada, o chapéu bateu na cobra e ela deu uma picada nas costas do menino, que morreu na hora. O pai do Pangaré que era chamado de Trovão voltou na casa da fazenda, relinchava e erguia as patas da frente. Seu Pedro escutou, pegou outro cavalo e seguiu o Trovão, quando chegou lá e viu o corpo do filho sem vida deu um desespero, pegou a espingarda e mirou bem no meio da cabeça do Trovão. O cavalo sentiu que iria perder a vida, erguendo a cabeça relinchava e virava o pescoço de um lado para outro. Foi aí que seu Pedro olhou para árvore e viu a cobra enrolada nela. Ele pegou e virou o corpo do filho, viu sangue na camisa, ergueu e notou a picada de cobra. Ele a pegou viva amarrou a camisa dele e colocou a cobra dentro. Chegou em casa com o corpo do filho sem vida deitado sobre o lombo do Trovão e a cobra quietinha. Ninguém via. Lágrimas rolarem dos olhos de seu Pedro, ao saber que perdera o filho que tanto amava. Quanto à cobra, seu Pedro a coloca em um vidro com água e álcool e fecha com uma tampa.

– Vô, que triste.
– E seu Pedro nunca mais voltou na fazenda.
– Quem cuida da fazenda para ele?
– O cunhado dele. Tem coisa, meu neto, que não tem explicação. Vamos tomar um café que sua vó acabou de coar. Sinta o cheirinho.
O avô e o neto vão para a cozinha. A avó diz:
– Fiz um café. Vamos tomar e comer o bolo que sua mãe fez. Deve estar uma delícia.
– Vó, onde a senhora guardou minha caneca?
– Está aí no guarda louça, do lado dos pratos. Achou?
– Achei. Vó, desde que idade eu tomo café nessa canequinha?
– Você tinha sete meses. Essa caneca era do seu pai. Ele ganhou de seu avô quando nasceu.
– Olhando assim ela parece nova, vó.
– Meu neto, essa caneca é conservada porque eu cuido.
A família toma café conversando e rindo.

No dia seguinte, José acorda com a cantarola do galo. Na hora de ir para a escola, quando ele abre a porta, olha que choveu forte durante a noite. Sacola no ombro, guarda-chuva à mão, ele vai para a escola.
Começa a andar e o dia está nublado. Logo veio uma chuva e vento forte, quebra o guarda-chuva, em meio à chuva, sem proteção, um barro que afundava os pés. O sapato, que já estava furado, acabou de descolar uma boa parte. José fala em voz alta:
– Vou colocar os sapatos onde?
Sentando-se em uma pedra, tirou os sapatos, amarrou um ao outro com os cadarços, a sacola de pano enrolada em um plástico. José

não se intimida com a chuva e vai direto para a escola. Chegando à sala de aula, sua professora fica pasma em vê-lo.

– José, o que aconteceu com você?

– Bom dia, professora Orandina. Posso entrar?

– Bom dia, José. Quando amanhecer chovendo fique em casa. Sei que você mora longe.

– O meu sapato descolou com a chuva e o barro, professora. Gosto de estudar. Não consigo ficar em casa.

A aula começa e o barro seca na roupa e nos pés. Seus colegas de classe olham para ele e dão risada. José ri junto e até a professora cai no riso.

– Isso só acontece na minha aula! Achei que tinha visto de tudo, mas acabei de acreditar que ainda não vi foi nada.

– Professora Orandina, amanhã, se não chover, eu venho limpo – diz José caindo na gargalhada.

Na saída da escola, José caminha em direção ao sítio do seu Pedro, quando Afonso e Joaquim, que estão a cavalo, vão em direção a José e começam a cercá-lo de um lado para outro.

– Vamos Afonso, pegar o tatuzinho sujinho.

– Eu não vou sujar meu cavalo branquinho, Joaquim.

Seu Pedro está parado ao lado da porteira, olha a maldade que os meninos estão fazendo com José e solta os cachorros para espantar os cavalos.

Seu Pedro sobe no cavalo que está amarrado na árvore ao lado da porteira, passa por José correndo em direção dos meninos e eles começam a correr quando sentem que seu Pedro ficou furioso.

Seu Pedro tem o cavalo chamado Pangaré, o mais rápido da redondeza e alcança os meninos.

– Parem aí agora! Eu tô mandando.

Afonso e Joaquim param os cavalos e tremem de medo da reação de seu Pedro.

– Vocês dois tão com a cabeça onde? Em cima do pescoço ou embaixo do rabo do cavalo? Fazer uma coisa dessas! Quero saber o que o José fez para vocês dois! Falem a verdade, porque se mentirem eu vou saber. Conheço o José e sei que ele é um piá de bem, então podem começar a falar agora.

Afonso e Joaquim abaixam a cabeça e ficam calados.

– E aí? Não vão falar nada? Eu sei, porque o José não fez nada para vocês. Os seus pais irão ficar sabendo dessa maldade. Por acaso vocês pensaram que poderiam machucar o meu amigo com seus cavalos e se isso tivesse acontecido como ficaria a consciência de vocês? Agora sumam daqui.

Joaquim gosta de uma bela confusão e de colocar fogo na fogueira.

– Afonso, o velho fico furioso. Você viu? Ele até ameaçou nós dois de morte. Nossos pais precisam saber disso.

– Joaquim, de onde você tirou isso? Ele não falou que ia matar nós dois. Ele falou que nós que poderíamos ter matado o José com os cavalos.

– Mas como você é burro, Afonso. Temos de nos defender!

– Eu burro? Você é que não gosta do José, porque ele é negro e eu é que sou burro. Tô diante do pai dos burros e eu que sou burro!

Os dois vão estrada afora discutindo.

Seu Pedro volta para o sítio.

– José, como está você, piá?

– Machuquei a mão no arame farpado. Estou bem.

José abraça os cachorros Espingarda, Chumbinho, Pingo e Pinguinho.

– Ah, meus amigos. Obrigado por vocês terem me protegido.

José olha para seu Pedro e agradece.

– Meu grande amigo seu Pedro esse sim é meu grande amigo.

Seu Pedro se lembra do filho que falava "pai, vamos ser mais que pai e filho, seremos grandes amigos". Ele sabe que José jamais conheceu seu filho e tem cada vez mais certeza que precisa ajudar José.
Seu Pedro pergunta a José:
– Esse tipo de coisa vem acontecendo há quanto tempo?
– Desde o primeiro ano que comecei a estudar, seu Pedro. Eles só estavam brincando.
– José, aquilo que aconteceu não era brincadeira...
– Seu Pedro, o senhor promete que não vai contar para meus pais?
– Eles têm de saber. Isso é muito sério.
– Eles não me deixarão estudar.
– E por que você está sujo de terra? Cadê teu sapato?
– Quando eu vim para escola estava chovendo, o vento virou o guarda-chuva, meu sapato descolou com o barro, acabei sujando a roupa.
– A Genoveva tá com o almoço pronto. Almoce, que eu vou dar uma saída.
José chama Genoveva.
– Genoveva, onde você está?
– Na cozinha.
– Bom dia, Genoveva.
– Bom dia, José. A chuva te deixou assim?
– Foi a chuva, Genoveva.
– Seu Pedro foi onde?
– E você acha que ele me dá satisfação para onde vai? Genoveva, eu quero lavar a mão e não vi a toalha para enxugar.
– Espera um pouco. Quero só colocar seu prato na mesa, já vou pegar uma toalha de mão.
Genoveva vai buscar a toalha e enche os olhos de lágrimas ao saber que José sofre para estudar.
– Tá aqui a toalha, José.

– Obrigado.

José come sem falar nada e Genoveva fica olhando-o.

– Você tem uma mão para fazer comida – diz José à Genoveva.

– E você uma conversa fiada... acabei de saber mais uma coisa que poucos têm e você tem de sobra.

– E o que é?

– Caráter forte, José.

Nesse momento chega seu Pedro e fala:

– Ai, que fome, Genoveva.

– Então almoce, seu Pedro.

– O José já almoçou, Genoveva?

– Já, seu Pedro. Como esse piá estava com fome, eu fico pensando como ele consegue chegar até na casa dele. Com fome é difícil. A fome ninguém consegue enganar.

– Ele é muito inteligente, Genoveva!

– É, seu Pedro. Ele só não vai ter aquilo que não quiser na vida.

– Verdade, Genoveva. Terminei de almoçar, venha junto comigo.

Seu Pedro assobia para José e ele responde.

– Tô aqui no seleiro, seu Pedro.

– Você já deu feno e água pro Pangaré?

– Ele já está de barriga cheia, seu Pedro.

– José, vem cá. Suba no Pangaré.

– Ele é alto, seu Pedro.

– Se vire. Pense como você faria para subir nele se estivesse sozinho. Olhe em sua volta... eu sei como eu faria. Você consegue!

José olha de um lado e do outro, leva o Pangaré para perto da porteira.

Seu Pedro e Genoveva ficam só observando.

– Seu Pedro, o senhor me chamou para ficar olhando José.

– Genoveva, traga um pouco de água, por favor.
– O senhor acha que José consegue?
– Tenho certeza. Só estou testando a inteligência dele.

Genoveva fala para si mesma, em voz baixa:

– Esse meu patrãozinho, o que tá aprontando dessa vez? Ele costuma dar nó em pingo de água. Vou levar logo essa água com dois copos.
– Patrão, a água tá aqui.
– Obrigado, Genoveva.
– Como ele conseguiu subir no Pangaré?
– Ele levou o Pangaré até na porteira e subiu.
– É, seu Pedro. A gente só não dá jeito para a morte.
– Realmente, isso é verdade. Genoveva, depois veja uma toalha de banho pro José. Tenho uma surpresa para ele. José, segure bem firme a rédea do Pangaré!
– Sim, senhor seu Pedro. A rédea é dura.
– Você não tá acostumado.
– Eu cansei.
– Então desça, José.
– E como.
– Hahahaha... se você não conseguir pode ficar a noite inteira andando!
– Seu Pedro, vai ajudar o piá...
– Deixe, Genoveva. Homem se cria assim. Tem de ensinar a se virar. Na vida nada é de graça, tudo tem um preço[3].
– Afinal, o senhor me chamou aqui para quê?
– Para servir de testemunha, Genoveva.

---

[3] Esse é o jeito com que os homens criavam os seus filhos naquela época.

– Eu não tô gostando nada disso. Testemunha do que afinal de contas, seu Pedro?

– Contar para ele quando em alguma parte da vida que ele for arrogante, ou faltar humildade para que no futuro ele não venha errar nem se perder na vida.

– Se tem uma coisa que eu sei muito bem é ser realista, seu Pedro.

– Eu sei, Genoveva. Por esse motivo é que quero você como testemunha.

– Até parece que o senhor vai morrer.

– Tudo é possível. Eu não vou poder estar ao lado dele. Esse direito pertence somente aos pais e você, como tia, vai poder acompanhar.

– Seu Pedro, nem o pai do José sabe que eu sou irmã dele por parte de pai.

– Genoveva, na hora ele vai saber. O tempo se encarregara de tudo.

José não consegue nem puxar a porta do estaleiro de tão cansado. Chega a falar com a porta.

– Eita! Como você ficou pesada em menos de duas horas! Tô para mijar na calça de tanta força.

– José, olha embaixo da porta. Tem feno, por isso que ela fica pesada.

– Que falta de atenção minha, seu Pedro.

– Também acho, José. Vai com calma, não precisa se afobar.

– A Genoveva colocou uma toalha de banho no banheiro. Vai tomar um banho, José!

– Eu acho que não é uma boa ideia, seu Pedro. Minha roupa está suja de barro.

– Não se preocupe vai ter roupa limpa para você vestir.

José pede ajuda para Genoveva.

– Genoveva, como eu faço para tomar banho.

– Vamos lá. Tá vendo isso aqui: se chama registro do chuveiro. Venha aqui, fique do lado, agora gire. Viu, saiu a água do chuveiro.

Agora gire ao contrário... viu, fechou. Vou sair para você tomar banho. Você liga o chuveiro, se molha, desliga, se esfrega e liga novamente para tirar a sujeira.

– Senhorita Genoveva, eu acho melhor a senhorita esquentar água e eu tomar banho de balde. A senhorita me arruma uma caneca que não usa na cozinha, eu levo no estaleiro e tomo banho lá.

– Se eu fizer o que você está me pedindo, seu Pedro não vai gostar. Acho melhor você tomar banho aqui mesmo.

– José, não se usa mais balde para tomar banho.

– Na minha casa usa.

– Por enquanto. Deixa seu pai ter condições de fazer um banheiro dentro de casa. E, que mal lhe pergunte, onde você faz suas necessidades quando você está aqui?

– Senhorita Genoveva, me respeite.

– Piá, eu não estou faltando com respeito. Nunca vejo você ir ao banheiro...

– Vou ao mato mijar, cagar. Tá bom? E papel, antes que a senhorita curiosa me pergunte, eu trago de casa.

– José, é melhor você tomar banho. Depois do banho vá ao quarto de visita. Em cima da cama tem uma roupa e calçado. Eles são seus.

– E como eu vou até o quarto?

– Ué, caminhando.

– Pelado?

– Hahahahaha... se enrola na toalha, José.

– Eu nunca fiz isso. Minha mãe fala que é falta de respeito com as pessoas da casa e com os de fora.

– Eu vou emprestar um vestido meu para você, hahahahaha...

– Genoveva, seu vestido, para mim ai ai ai ai.

– Tô brincando. Vou emprestar uma camisa e calça do seu Pedro para você vestir.

Genoveva traz as roupas e fala para José que a roupa é somente para ele ir até o quarto.

Ele termina o banho, veste a roupa do seu Pedro e vai para o quarto. No caminho, um barulho. Seu Pedro e Genoveva correm para ver o que aconteceu. José estava caído no chão, com um sorriso no rosto.

– A calça é grande... eu tropecei acabei caindo hahahahaha.

José se levanta e vai direto para o quarto, se veste e chega na sala.

Genoveva e seu Pedro ficam admirados como José ficou bem com a roupa.

– Sente-se na cadeira, José. Coloque essas botas, o cinto e o chapéu – diz seu Pedro.

José fica feliz e chora de alegria.

– Seu Pedro, me desculpe. Sempre quis ter uma roupa de fazendeiro, bota, chapéu e cinta com fivela.

– Gostou, José? – pergunta Genoveva.

– Se eu gostei!... Genoveva. Seu Pedro, muito obrigado. Nem sei como agradecer o senhor.

– Continue do mesmo jeito simples, humilde e trabalhador. Jamais queira ser um homem orgulhoso, porque o orgulho acaba com os melhores homens. Genoveva, eu vou levar o José para casa dele. Vamos junto.

– Patrão, tem serviço para terminar.

– Não vou demorar. Voltamos logo. Depois você termina.

– Tá bom. O senhor é quem manda, patrão – diz Genoveva.

Seu Pedro leva José e Genoveva de carro. Na região, somente os ricos têm carro.

José nem sabia entrar no carro.

– José, você é um piá de sorte. Seu Pedro, deixa só eu entrar aqui e mais ninguém.
– Verdade o que a Genoveva falou.
José passa a mão no chapéu e o tira da cabeça.
– José, por que você tirou o chapéu da cabeça?
– Estou agradecendo a Deus.
Seu Pedro e Genoveva olham um para o outro. José está no meio deles.
– Falei alguma coisa errada?
– Não, José. Estamos admirados com seu gesto.
 No sítio, os pais de José olham de longe um carro vindo e ao chegar próximo dizem:
– Helena, aquele carro é do seu Pedro.
– Francisco, será que aconteceu alguma coisa com nosso filho?
– Calma, mulher. Espere chegar aqui.
– Francisco, aquele piá é o nosso filho?
– Parece ser ele mesmo...
José desce do carro, abre a porteira gesticulando com a mão em direção à casa.
– Entrem, seu Pedro e Genoveva. Pai, mãe, eles vieram me trazer de carro.
– José, como você tá lindo meu filho.
– Concordo com você, Helena.
– Vamos entrar, seu Pedro. E a senhora, qual seu nome?
 – Genoveva, muito prazer.
– Eu sou Francisco e esta é minha esposa Helena.
– O prazer é todo meu.

A mãe de José sempre está com a mesa arrumada esperando o filho para o cafezinho da tarde. Ela apenas coloca duas canecas a mais. Seu Pedro e Genoveva tomam café e José fica numa felicidade.

– Seu Pedro, quanto eu tô devendo pro senhor das roupas e calçados que o senhor comprou pro nosso piá?

– Nada. É presente para ele, por estar cuidando do Pangaré, por ele ser educado, dedicado, amigo. Parabéns pela educação do José.

– Obrigado, seu Pedro. A gente faz o que pode para educar.

– Seu Francisco, a boa educação abre portas para o futuro. De nada adianta um diploma de doutorado nas mãos se a pessoa que estudar para isso não tiver educação. Vejo nas palavras do José do dia a dia, bom dia, boa tarde, boa noite, obrigado, desculpa, faz favor, pede licença quando tem pessoas de mais idade conversando e ele precisa falar, não fica escutando as conversas dos adultos ou se metendo nelas.

– A humildade do José em falar, me perdoe. Isso é muito bonito. Essa é a verdadeira riqueza que muitos não dão valor. Outros acham que educação é coisa que não se usa mais.

– Seu Pedro, eu fico contente em escutar o senhor falar da educação do nosso filho. Esse tipo de conversa faz o coração meu e de minha esposa se alegrar.

José vai para o quarto troca de roupa, fica olhando os presentes, ele deixa em cima da cama para seus pais olharem também.

Na cozinha, dona Helena chama Genoveva para ver suas flores.

– Quando eu entrei, vi as flores elas são lindas.

– Eu planto e o Francisco cuida. Genoveva, o José sempre comenta que a senhora o trata bem.

– O patrão gosta muito do seu filho e eu também.

– Pensei que você fosse casada com seu Pedro.

– Sou solteira. Apenas trabalho para ele.

Seu Pedro convida Genoveva para irem embora, no caminho ele diz:

– Genoveva, seu irmão parece com você em algumas coisas que ele fala.

– Ele nem imagina que somos irmãos, seu Pedro.

– Como que você ficou sabendo que ele é seu irmão?

– Minha mãe me deixou com minha vó para fazer um tratamento na capital. Eu tinha 16 anos de idade e minha vó mostrou seu Francisco para mim. Ela contou que ele era meu irmão por parte de pai. Meu pai era namorado da minha mãe quando ela engravidou de mim e ele foi servir o exército. Minha mãe não contou para ele que estava grávida. O sonho dele era servir a Pátria e dois meses depois ele parou de mandar carta para minha mãe. Ela mandava uma carta por semana, porém elas voltavam. Atrás vinha escrito "destinatário não encontrado". No exército ele conheceu a mãe do Francisco e apaixonou-se por ela. Ele nem imagina que eu existo.

– E sua mãe, o que aconteceu com ela?

– Ela voltou do tratamento, 10 anos depois ela foi embora para nunca mais voltar. Hoje ela está pertinho de Deus.

– Ela tratava o quê?

– Coração. Às vezes ela cansava fácil, sem motivo. E o senhor conheceu o José como?

– Desde que ele começou a estudar, ele tem amizade com muita gente. Um dia eu estava pregando a porteira e os pregos ficaram longe, se largasse a porteira ela ia cair no meu pé, foi bem na hora que o José passava. Eu o chamei, ele veio, me ajudou e fizemos amizade. Como esse mundão é pequeno, quem diria que você e o José são sobrinho e tia. E ainda a maneira que as coisas aconteceram. José e o pai conversam no sítio.

– José, cuide bem das roupas e calçados. Eu poderia comprar para você uma por mês. Dê valor.

– Pai, eu sempre cuido das minhas coisas. Posso mostrar para meus avós?

– Eu sei. Tô falando porque você ganhou do seu Pedro. Às vezes você pode achar que, por ele ser rico, não precisa cuidar. Tem que cuidar mais ainda.

– Agora vá mostrar para seus avós.

– Já volto.

O menino sai alegre, chega à casa dos avós e mostra os presentes. Vai até o quarto e veste. Sai de lá.

– Eu tô me sentindo um fazendeiro. O que vocês acham do presente que ganhei do seu Pedro?

– Meu neto, vem cá. Deixa a vó abraçar o fazendeiro milionário! É o que você será! Confie no que a vó está falando. Diga amém.

– Amém, vó. Eu acredito nas suas palavras.

– Tua vó sabe o que fala. Ela tem razão! Nosso fazendeiro milionário. Estou me sentindo muito orgulhoso de você.

– Muito obrigado, vô. Eu crio forças nas palavras de vocês.

– Eu juro, nunca me esqueço dos conselhos do senhor. Encontro no senhor inteligência.

– Com o passar do tempo vamos tendo bagagem e aprendendo mais e mais, acabamos morrendo e não aprendemos tudo. Até os 40 anos a gente engatinha na vida, depois dessa idade começamos a andar e valorizar coisas que passam despercebidas.

– O que eu acabei de falar. Vô, nossa, eu quero ter essa inteligência de poder aprender esse tipo de sabedoria. Promete me ensinar sempre?

– José, você é inteligente, meu neto. Basta acreditar.

– Eu vou, embora tenho de me levantar cedo. Vou guardar as roupas a dois pares de botas o sapato somente para sair aos domingos.

– José, você está crescendo. As roupas e os calçados logo não servirão mais para você.

– Meus avós, amo vocês dois.

– Eu nem pensei nisso, vó, a senhora tem razão.

José entra em casa.

– Filho, amanhã você irá mais tarde. Seu Gumercindo vai te dar uma carona até a escola. Ele vai buscar a mudança da filha dele em Novo Horizonte.

– Pai, eu estou com sorte. Um dia ganho presentes do seu Pedro e no outro seu Gumercindo me dá carona até a escola. Conheci o genro do seu Gumercindo, ele é Antônio.

– José, para você é seu Antônio. Já te falei quando é pessoa casada ou com mais idade, se for homem, é senhor, se for mulher é senhora. Não quero ver esse tipo de erro novamente, entendeu?

– Tá bom, pai. Me desculpe.

– Você tem de saber que educação não se acha na rua, ela vem de berço.

José se deita e dorme. Sonha que está andando a cavalo em uma linda fazenda, com muito gado, galinhas e porcos. Mal canta o galo e José acorda, faz fogo no fogão a lenha e na casa um cheirinho de café delicioso feito por ele acaba acordando seus pais. Após o café da manhã, o pai do José o acompanha até a porteira do sítio, esperando por seu Gumercindo que chega.

– Bom dia, seu Gumercindo.

– Bom dia, José.

– Bom dia, seu Gumercindo.

– Bom dia, seu Francisco.

– Vamos, José.

– O senhor que manda. Eu conheci o seu Antônio. Ele me contou, que vai vim morar no seu sítio. O senhor gosta de seus netos?

– Eu amo meus netos e tô feliz por eles virem morar comigo e a Joséfa no sítio.

– Da escola até a casa são 60 quilômetros, é muito longe, o senhor não acha?

– O meu genro leva os netos e os três filhos dos vizinhos de carroça. Você tá chique.

– Ganhei as roupas, bota, chapéu, cinta com fivelona do seu Pedro.

– Ouvi falar que ele é um homem bom de coração.

– Eu tô levando uma roupa usada e calçado velho para quando eu voltar.

– Que horas você vai voltar?

– Só à tarde. Comecei a cuidar do Pangaré para seu Pedro.

– Se você quiser voltar comigo, a semana toda vou trazer a mudança.

– Opa! Mas é claro que eu quero. E o que o senhor precisar da minha ajuda é só falar.

José é um menino que gosta de trabalhar e não tem preguiça. Sabe retribuir tudo que fazem por ele.

– José, segure firme que eu vou apurar o passo dos cavalos, senão você vai acabar chegando atrasado.

Os cavalos são bons e respondem seu Gumercindo à altura quando são chamados nas rédeas. Não demora muito e José entra na sala de aula causando espanto e admiração.

– Bom dia para todos.

A professora Orandina e seus colegas de classe respondem.

– Bom dia.

Afonso e Joaquim ficam em silêncio.

– José, como você ficou bonito. Estou sem palavras.

– Obrigado, professora Orandina.

– Hoje vamos reaver a tabuada e alguns cálculos.

Joaquim e Afonso não param de conversar.

– Afonso e Joaquim, falta de atenção reflete em nota baixa no fim do bimestre – diz a professora.

Rosa não tira os olhos de José, a menina fala bem baixinho.

– Onde estava esse José? – ao mesmo momento que respira profundamente – Nossa que lindo, ai ai ai estou achando que isso vai acabar em aliança – diz Rosa.

Rosa é muito bonita, olhos verdes pele clara e cabelos pretos cacheados. Ela nem se meche do lugar, vem o intervalo e José sai abalando corações na escola, porém Rosa fica só olhando. Toca o sinal e os alunos voltam para sala de aula.

O tempo passa rápido e a aula está no final. Os olhos da professora Orandina está em todos os alunos, mas principalmente em Rosa.

Todos os alunos foram embora e Rosa continua sentada como se tivesse em estado de choque.

– Rosa... Rosa... o que foi? Você tá passando mal?

– Estou, professora Orandina.

– Hahahahahaha o José te deixou assim no mundo da lua.

– Ele é lindo e eu vou me casar com ele.

– Ah tá! Primeiro volta para a terra.

– Professora, eu não entendi. Volta do mundo da lua, que lua, que terra!...

– Rosa você passou o tempo todo no mundo da lua com os olhos no José. Vamos embora.

–Tchau, professora.

–Tchau, Rosa.

– José chega próximo do sítio do seu Pedro, olha para traz e vê Afonso e Joaquim vindo em sua direção. Ele pensa "vou correr, mas até quando... Faz quatro anos hoje! Vou acabar com isso!".

– José, espere aí, piá.

– Eu não quero briga. Tô cansado de vocês dois, nunca fiz nada de mal. Quando que vocês irão entender que quero ser amigo.

– Joaquim, desce do cavalo e vai para cima de José.

José estufa o peito e fala.

– Que foi, Joaquim? Vai me bater?
– Afonso desce aí vamos mostrar para ele quem manda.
Vem um enxame de abelhas e José fala:
– Vocês estão escutando esse barulho?
– Que barulho, piá?
– Joaquim, esse barulho é de abelha e se ficarmos aqui elas irão nos picar até a morte se um de nós for alérgico.
– Joaquim, ele está falando a verdade na fazenda do meu avô um peão morreu com picada de abelha.
– Eu conheço um lugar, vamos rápido não podemos ficar aqui.
Os três meninos correm e as abelhas voam em direção a eles.
– Entrem atrás dos galhos – diz José.
– Ai, Afonso, a gente vai morrer! Minha nossa e agora? – fala Joaquim.
– Vamos morrer! Eu não quero morrer!
Afonso e José estão tentando tampar o buraco, enquanto Joaquim entra em desespero.
– Ai, eu vou morrer. Se vocês tamparem esse lugar... parem eu tô passando mal!
– Joaquim, até que enfim você calou sua boca! As abelhas pousaram no lugar errado, justamente na saída da caverna.
– E agora José como vamos sair daqui?
– Afonso, quando escurecer elas irão embora. Vamos descansar.
José senta-se ao lado de Joaquim e percebe que ele está caído no chão.
– Joaquim... Joaquim... Afonso, eu acho que o Joaquim desmaiou. Ajude aqui, vamos, força.
– Olha, tem sangue saindo da cabeça dele.
– Afonso ele deve ter batido a cabeça na pedra quando caiu.
E agora...

José tira todos seus materiais escolares e coloca a sacola de pano embaixo da cabeça de Joaquim estancando e evitando uma grande perda de sangue.

– José, e se o Joaquin morrer? Como vamos explicar para os pais dele?

– Não vamos explicar nada. Falaremos a verdade.

– A verdade por mais dura que seja tem que ser contada Afonso.

José coloca a mão na testa do Joaquim e percebe que o amigo está com febre.

– Afonso, o Joaquim está com febre!

– A febre deve de ter sido por causa da pancada na cabeça ou do susto das abelhas.

– Quando vamos sair daqui?

– Vamos colocar um pano molhado na cabeça do Joaquim para ver se abaixa a febre.

– E de onde vamos conseguir água para molhar um pano?

– Aqui dentro da caverna, eu conheço um lugar que têm água.

Afonso tira a camisa e coloca nas mãos de José.

– Afonso, se você ficar sem camisa os mosquitos e pernilongos vão picar você.

– José, você colocou única sacola de pano que tem para ir para escola embaixo da cabeça do Joaquim...

– Agora vai, meu amigo. Molhe a camisa para colocar na cabeça do Joaquim, para abaixar a febre do nosso amigo teimoso.

José vai até a fonte de água que fica bem no meio da caverna, molha a camisa e volta.

– Afonso, molhei o máximo que pude.

– Tá, José. Vamos esperar para ver se ele se recupera e tomara que não seja nada de mais, com essas abelhas bem na saída, quero ver como sairemos.

– Existe outra saída, mas tem quatro cachorros e o seu Pedro justamente hoje foi viajar de manhã. Só está a Genoveva em casa e ela dorme cedo.
– José, os cachorros te conhecem desde quando você e seu Pedro fizeram amizade. Os cachorros não vão avançar em você.
– É, concordo. Seu Pedro comprou um cachorro pastor alemão ontem e eu não tenho amizade com ele. E ainda é um cachorro maior...
– Se eu insistir, em vez de ter um ferido você terá dois. E daí como vai fazer, Afonso?
– Vamos esperar. Quando começar a entardecer as abelhas já terão ido embora.
– Como você pode ter tanta certeza do que fala?
– Afonso, elas voaram do ninho por algum motivo. Ainda, para ajudar, estávamos no caminho delas. Elas irão ficar ali até entardecer. Quando entrei aqui pela primeira vez, era cheio de teia de aranha. Limpei e cuido sempre que posso.
– José, como você vai embora depois que a gente sair desse lugar?
– Caminhando, como eu venho há quase quatro anos. Nunca aconteceu de eu chegar tarde da noite em casa.
– O culpado fui eu e o Joaquim, que palhaçada.
– Por que vocês não gostam de mim?
Afonso fica calado e Joaquim acorda.
– Ai, que dor de cabeça. O que aconteceu?
– Você bateu a cabeça e saiu sangue.
– Joaquim, o José quer saber por que nós não gostamos dele...
– Fale a verdade, eu preciso saber.
– José, talvez que você não goste de ouvir a verdade. Vai te doer, mas se você quer escutar, vamos falar.
– Eu não gosto de pessoas negras.
– E nem eu.

– Eu nasci negro, não posso mudar isso porque meu Deus me quis assim. Nunca pensei que fosse por esse motivo.

– Ei, essa não é sua bolsa da escola? Por que ela tá com sangue?

– Joaquim, o José colocou na sua cabeça para parar de sangrar. Você ficou com medo, bateu a cabeça na pedra e teve um corte profundo. Fiquei com você enquanto José foi molhar a camisa para baixar a febre.

As abelhas foram embora e os meninos saíram da caverna. Na hora de ir embora:

– José, para onde foram os cavalos?

– Como eu vou saber...

– Afonso, você achou que eles iriam esperar aqui com tanta abelha?

– Joaquim, você está bem?

– Tô zonzo, José. Parece que eu levei um soco na cabeça.

– Vamos achar os cavalos. Afonso, você é mais alto. Suba na árvore e olhe em volta, antes de começar a escurecer.

– Não posso fazer isso.

– Por quê?

– Tenho medo de altura.

– Eu subo.

– Você acabou de bater a cabeça, pode passa mal e acabar caindo.

– Que corajosos que vocês dois são. Um com medo de abelha e o outro tem medo de altura. Eu subo.

José olha de um lado e do outro, vira e consegue enxergar de longe os cavalos.

– Eles estão nessa direção indo para o norte.

Afonso e José caminham e param.

– Afonso, vai, falta pouco.

– Você tá louco? Não consigo dar conta de te acompanhar.

– Eu vou buscar os cavalos. Volte e fique com o Joaquim.

José conhece o caminho onde ele avistou os cavalos e começa a correr antes que escureça.

Afonso chega até Joaquim.

– Joaquim, o José foi buscar os cavalos.

– Você voltou por quê?

– Eu não aguentei caminhar ao lado dele. Falei que estava cansado e ele falou para vir ficar com você.

José pega os cavalos e volta montado em um e o outro ele puxa pelo arreio.

– Pronto agora vocês podem ir embora.

– José, sobe aí. Vou levar você em casa. Joaquim, você vai ficar na sua casa, depois eu e o Genival vamos levar o José para a casa dele.

– Afonso, vamos logo. Minha cabeça tá latejando.

Na casa de Joaquim, seus pais estranham ele estar com a cabeça machucada.

– Joaquim, eu vou. Você explique para seus pais por que chegou tão tarde em casa.

Chegando na casa do Afonso, ele convida José para entrar, vai direto ao quarto e vem com uma bolsa escolar na mão.

– José, coloque os seus materiais escolares aqui dentro. Minha mãe faz outra sacola de pano, deixa essa para você. Eu estou te dando de presente. É sua.

– Obrigado.

– Afonso, você pediu para teus pais para me dar essa sacola escolar?

– Não, eles estão viajando. Vamos, eu vou pedir para o peão da fazenda do meu avô ir conosco. Ele trabalha com minha família desde quando eu nasci. Meus pais viajam, ele e a esposa ficam aqui em casa comigo.

– Eu e você, Genival. Vamos levar meu amigo até a casa dele. Ele mora no Rio Bonito.

– Vou selar o cavalo.

– Afonso, ele conhece o caminho pro Rio Bonito?
– Ele conhece tudo por aqui e pela redondeza. Ainda bem que a lua é cheia, as noites ficam bem claras. Dá para enxergar bem a estrada.
– Vamos, Afonso.
– Esse é meu amigo José.
– José, você mora longe, piá. Tive no Rio Bonito a semana passada visitando meu tio Gumercindo.
– Ele é meu vizinho!
– Vamos lá, José e Afonso.
No caminho, eles vão conversando e Afonso conta o que aconteceu.
– Piá, o teu pai já falou para não andar com o Joaquim. O piá só se mete em confusão e leva você junto. Ele não é companhia para ninguém e como você já sabe que eu não escondo nada, outra vez ele ficou furioso, que sobrou até para mim. Ainda te defendi. Uma hora isso não vai acontecer, acho bom ficar esperto.
– Eu vou acabar a amizade com o Joaquim.
– Eu não falei para você acabar com a amizade. Se afaste por um tempo e aí você vai ver que eu e seu pai estamos certos.
– Foi rápido para chegar.
– Afonso e seu Genival, entrem.
– Não, José, nós vamos embora.
– Obrigado pela companhia e por me trazerem.
– Até amanhã, José.
– Até, Afonso.
José entra, abraça os pais e vai descansar.
Dona Helena vai até o quarto e olha o filho dormindo, volta para a cozinha irada.
– Francisco, esse seu Pedro tá fazendo nosso José trabalhar demais. Você viu? Ele nem comeu nada.

– Helena, veja por outro lado. Ele fica com a cabeça ocupada, vai ser bom para ele.

O dia está quase amanhecendo e seu Gumercindo chega ao sítio do pai de José.

– Bom dia, seu Gumercindo. Aceita tomar café?

– Bom dia, dona Helena e seu Francisco. Acabei de tomar café em casa.

– Vamos, José.

– Bom dia, seu Gumercindo.

– Bom dia, José.

– Estou pronto, seu Gumercindo.

Eles sobem na carroça e seu Gumercindo olha para José.

– Hoje você está parecendo o rei do gado.

– Obrigado, seu Gumercindo

– Onde você estava ontem? Cheguei ao sítio do seu Pedro e a Genoveva falou que você não apareceu por lá. Não falei nada para os seus pais, sei que quando somos piás fazemos muita porcaria e você não é diferente.

José conta tudo para seu Gumercindo.

– Piá, você fique longe desses dois malucos e qualquer coisa me conte.

– Sim senhor, pode deixar. Eu conto.

José e seu Gumercindo chegam à escola. O menino desce e pede para seu Gumercindo não contar nada para seus pais.

Afonso e Joaquim não vão para a escola porque acharam que José iria falar para a professora e por esse motivo eles seriam expulsos da escola. A aula foi somente meio período por haver reunião dos professores.

José vai direto para o sítio do seu Pedro. No caminho, Mariana encontra José e pede para seu pai parar a carroça.

— José, você que conhece seu Pedro. Pede para ele me dar uma muda de rosa azul. Eu passo na frente e fico encantada com a beleza dessa rosa!

— Mariana, eu vou pedir para Genoveva. Seu Pedro tá viajando.

Genoveva aparece na frente bem na hora que José ia chamá-la.

— Bom dia, Genoveva. A minha amiga Mariana está pedindo uma muda de rosa azul.

— Mariana, vem aqui. Tudo bem com você? Também gosta de flor...

— Eu vejo nelas o capricho de Deus. Ele deve de ter tido muito trabalho em pintá-las. Uma mais linda que a outra – diz Mariana à Genoveva.

— Como pode? Eu tenho a mesma impressão.

— Você sabe como fazer para a rosa nascer rapidinho, Mariana.

— Eu planto no vaso, depois que a muda começar a crescer eu replanto no chão.

— Vou te ensinar como cuidar e plantar uma vez só a rosa. Mariana, em casa você pegue uma batata, faça um buraco que dê para você colocar o caule dela dentro. A rosa tem de ficar firme, aí é só plantar direto no chão. Quando ela começar a crescer, pode os galhos de baixo para cima como se fosse lascar o galho.

— Você tem flor de maio em casa, Mariana?

— Sim, mas elas dificilmente florescem.

— Na lua cheia vai até o fim de cada folha e faça um V com a ponta, vai florescer em maio quase o ano todo.

— Genoveva, você entende bem de flores.

— Se você gosta de flores, folhagens, precisa saber como cuidá-las.

— Minha mãe falava que se conhece a delicadeza e a força da mulher pelo jardim da casa que ela mora ou cuida.

— Sua mãe conhecia bem as plantas...

— Obrigada, Genoveva, pela aula. Amo aprender!

– Vou trazer mudas de rosas e flores para você.

– Tchau, José. Amanhã nos veremos na sala de aula.

– Até amanhã, Mariana.

Mariana vai embora feliz.

Chega em casa e vai plantar a rosa azul e aproveita e poda as flores de maio.

A menina olha o jardim com cerquinha em volta, para ninguém pisar nele. Somente ela, porque sabe cuidar.

Os jarros de barro em cima da velha carroça, cheios de flores, como se a carroça tivesse virado de um lado.

Todos ficam admirados com o jardim de Mariana.

Genoveva entra no seleiro e pergunta.

– José, sua amiga gosta de flores?

– Eu nunca imaginei que ela gostasse.

– Por que você fala assim?

– Ela vive atrás de insetos.

– José, isso não quer dizer nada. Tenho um primo casado, pai de três filhos, que faz vestido de mulher.

– Genoveva, eu devo muito à Mariana. Quando eu fiquei doente, ela ia com o pai dela levar as tarefas para eu fazer em casa. Você sabe a distância que é.

As horas passam rápido, seu Gumercindo chama o José.

– Vamos, piá.

– Genoveva, amanhã eu volto.

– Se cuida, piá.

– Seu Gumercindo, eu estou muito cansado. E o senhor?

– Eu também. Sempre penso que se está cansado tem dois motivos: trabalho demais ou tá doente.

– Prefiro o cansaço do trabalho, seu Gumercindo.

E José acaba adormecendo. Seu Gumercindo para a carroça e coloca uma coberta em José. Começa a anoitecer, esfria e o menino está sem blusa. Pouco tempo depois seu Gumercindo chega ao sítio.

– José... José... chegamos!

– Que companheiro que eu sou, seu Gumercindo. Me desculpe, eu senti muita canseira.

– Não precisa se preocupar comigo. Eu faria a mesma coisa. Amanhã passo no mesmo horário.

– O senhor tem que descansar.

José chega à casa e sua mãe fala:

– José, tem comida pronta para você, filho.

– Mãe eu quero dormir. A Genoveva fez eu tomar banho e jantar antes de vir embora.

O menino vai direto para o quarto e adormece.

O galo não canta e José acorda no mesmo horário, vai até o galinheiro e encontra o galinho andando de um lado para o outro batendo as asas.

– Que foi? Tá com preguiça?

Seu Gumercindo chega e José sobe na carroça.

– Bom dia, seu Gumercindo.

– Bom dia, José.

– O galo não cantou hoje.

– Fui até o galinheiro e ele estava sozinho, andando de um lado para o outro. Eu acho que o pai vai dá uma olhada.

– O meu, quando começou assim, tive de sacrificar.

Seu Gumercindo para a carroça e fala para José:

– José, troque de lugar comigo.

– Eu já estava com coceira nas mãos para conduzir os cavalos.

– Então vai, são todos seus. José, eu não era gente quando era mais novo... Eu tinha o juízo lá na ponta do dedão do pé, meu primo e eu aprontávamos cada coisa! Trabalhava feito cavalo e gastava feito burro. Eu e meu primo resolvemos tomar vinho no fim de semana juntamos dinheiro e compramos uma garrafa, tomamos tudo, no outro final de semana compramos um garrafão e tomamos, piá só de imaginar o porre chega a me dar um tremendo mal-estar, passamos perto de umas moças e meu primo falou: "Vamos tomar um vinho", uma delas falou. "Hoje não, fica para a próxima vez nos vamos e a um aniversário do amigo do nosso irmão". No caminho começamos a tomar o garrafão de vinho, só que tinha um problema nós não podíamos nos esquecer que era aniversário dele e quanto mais nós tomávamos vinho mais nós lembrávamos do aniversário dele, fomos até o chiqueiro que ficava atrás da casa do meu primo, até hoje não sei o que fomos fazer lá.

– Hahahahahaha seu Gumercindo que loucura.

– Não, José. Você não tem noção: meu primo dormiu. Eu me lembrava do aniversário dele.

– Imagina os parentes, amigos, todos esperando o aniversariante e cadê o dito cujo. Coloquei-o na carriola que meu tio usava para juntar as sujeiras do chiqueiro, arrumei o meu primo lá dentro e o levei para o povo cantar parabéns.

– Hahahahaha eu imagino a confusão.

– Meu tio quando viu a presepada, pegou um balde de água e jogou no meu primo. Quando ele acordou com o susto, a primeira coisa que veio foi o vinho para fora.

– Hahahahaha.

– Imagina você, hahahaha, piá. E o pior foi que as moças que nos mexemos eram as irmãs do amigo do meu primo. Situação: um cozido empurrando uma carriola com outro cozido dormindo.

– Hahahahaha qual idade que vocês dois tinham?

– Eu 20, ele 19. Nós não tínhamos juízo. Colocamos pano dentro da bota do meu tio. Pensa num susto quando ele foi calçar! Meu primo saiu correndo de perto hahahahaha.

– Seu Gumercindo o senhor e seu primo não era gente hahahahahaaaaaa.

– Não éramos mesmo, José.

– Seu Gumercindo, eu vou dar uma parada.

José desce e coloca a banana em cima da pedra e o macaco Pé vem comer.

– José, você tem amizade com um macaco?

– Sim, ele é amigo meu, seu Gumercindo. Eu só vou do outro lado ver o que aconteceu.

Pé agita a cabeça de um lado para outro e mostra que a paquinha foi embora, ele aponta para a mata em um lugar mais alto.

– Eu entendi, Pé. Ela foi embora.

Pé dá a cabeça para José coçá-la, em seguida pula no galho.

José sobe na carroça e pega o arreio.

– Quanto tempo você tem amizade com o macaco?

– Uns dois anos e meio, por aí. Tinha uma paquinha, mas o Pé acabou de contar que ela foi embora. Nossa, já chegou de carroça, é perto.

– Eu queria comprar um carro, mas não tem estrada boa para ir ao sítio.

– Seu Pedro falou a mesma coisa da estrada, que, além de muita areia, ainda tem uns buracos no meio. Obrigado, seu Gumercindo.

– Me espere no sítio do seu Pedro. Se eu demorar um pouco, pode esperar que logo chego.

– Bom dia, professora Orandina. Tudo bem com a senhora nesse dia abençoado?

– Bom dia, José. Como você está de bom humor!

– Professora, só o fato de estar vivo é um grande presente de Deus!

Afonso e Joaquim chegam depois de uns 10 minutos da aula ter começado.

– Bom dia, professora. Podemos entrar?

– Bom dia, meninos. Qual o motivo do atraso? E ontem, por que vocês faltaram?

– Professora, foi que nós fizemos uma coisa muito ruim e achamos que seríamos expulsos da escola.

– Alguém aqui está sabendo de alguma coisa?

Os alunos respondem "não".

– Viram? Ninguém sabe de nada. Depois do intervalo eu quero falar com vocês dois.

– Sim, senhora.

Responde Afonso.

– Quem não entendeu a explicação da tabuada? Decorar tabuada em sequência não irá ajudar em nada! Tem de aprender, ou seja, estudar. Josivaldo, como de costume, onde está sua atenção? Traga aqui o que você está escrevendo! Eu quero ver.

– Minha querida e amada professora, a senhora não vai gostar.

– Eu não estou lhe perguntando se eu vou gostar. Traga agora.

– Sim senhora. Tá aqui.

Quando a professora lê.

"Duas baratas estavam andando pela casa bem tranquila quando uma olhou para outra e fala.

– Eu fiquei zonza.

– Isso foi chinelo?

A outra respondeu.

– Vou colocar meus óculos.

– Ih, lascou! A isca para barata.".

A professora quer rir, porém sabe que assim não conseguirá a atenção de Josivaldo.

– Depois você quer tirar nota boa! De que maneira isso poderá acontecer se na aula de Matemática você está escrevendo piada?

– Desculpa, professora.

– Vai para sua carteira.

As aulas da professora Orandina são excelentes. Uma professora além do seu tempo e por esse motivo suas aulas são nada cansativas, os alunos têm maior carinho e atenção. Ela é amada e respeitada por todos e nas horas que precisa chamar atenção ela faz com muita firmeza, porém ela também é uma amiga e mãezona.

Chega a hora do intervalo. Afonso e Joaquim vão ao banheiro atrás de José.

– Você falou o que aconteceu com a gente na segunda-feira para alguém daqui da escola?

– Eu não quero briga.

– Nem nós dois.

– Se meus pais souberem, Afonso e Joaquim, eles irão me tirar da escola e eu não quero isso.

– Nós vamos falar com eles e explicar que não era você que se implicava, e sim nós dois.

Acaba o recreio e os alunos voltam para a sala de aula.

– Professora Orandina. Eu e o Joaquim queremos agradecer ao José por ter nos salvado antes de ontem. Nós planejávamos dar uma surra no José, porque achávamos que ele sendo negro seria diferente de nós. Na hora que fomos bater nele veio um enxame de abelhas até nós. Eu e o Joaquim não escutamos nada, o José falou que eram abelhas e deveríamos sair dali o mais rápido possível. Corremos para uma caverna que o José conhecia, até então as abelhas estavam atrás de nós. Joaquim ficou com medo e acabou desmaiando ao bater com a cabeça em uma pedra. O José colocou até a sacola de pano dele embaixo da cabeça do Joaquim. O José conhecia onde tinha água e molhamos a cabeça do Joaquim com minha camisa. E foi isso que aconteceu, professora. Ontem nós não viemos por medo de ganhar uma suspenção. Eu estou pedindo que você me perdoe, José. E obrigado por salvar minha vida.

– O que o Afonso falou é verdade. Hoje é possível ver que tamanha porcaria nós iríamos fazer. Me perdoe José.

– Afonso e Joaquim, vocês sempre foram meus amigos.

Não se ouvia nada na sala. A professora chorou por escutar uma coisa daquelas, que, para Afonso e Joaquim, José era muito diferente por ser negro. Ela olhou para eles e falou[4]:

– Essa atitude sua, José, foi de muita coragem e amor com seus colegas de classe.

– Professora, para mim eles são e sempre serão meus melhores amigos.

– José, você me surpreende cada vez mais. Todos vocês viram que não podemos deixar de amar o próximo por ele ser negro. Quando Jesus andou na terra falou amar o próximo como a si mesmo. Afonso e Joaquim, venham aqui na frente. José, vem aqui. Coloca seu braço ao lado do meu.

A professora faz uma comparação.

– Joaquim e Afonso, eu quero que vocês dois falem o que vocês estão vendo.

– Eu vejo que a senhora e o José têm quase a mesma cor, a sua pele é mais clara professora.

– Obrigado, Joaquim.

– E você, Afonso.

– Sua pele é mais clara.

– Sou professora de vocês há quase três anos e vocês sempre me acham negra?

Afonso e Joaquim olham um para o outro e ficam espantados.

– Professora, nós não pensamos isso da senhora...

– Só agora nos demos conta disso...

– Joaquim, que idiotice a nossa...

---

[4] Este trecho representa o racismo da época.

– Afonso, nós erramos todo esse tempo...
– José, fala alguma coisa.
– Falar o que? Vocês já falaram tudo.
– Estão todos dispensados. Podem ir para casa.
Cada um dos três meninos segue seu caminho.
– Bom dia, seu Pedro e senhorita Genoveva.
– Bom dia, José. Vai lavar as mãos e venha almoçar.
– Tô indo, seu Pedro.
José se senta à mesa e começa a almoçar.
– Hoje você tá todo serelepe. Me chamou até de senhorita.
Alguém bate palma na frente da casa.
– Senhorita Genoveva e seu Pedro, pode deixar que eu atendo.
– Eu quero ter uma conversa com você depois, José.
– José, se for o seu Luiz, mande-o entrar.
José abre a porteira.
– Eu sou Luiz. Seu Pedro está esperando por mim.
– Eu me chamo José, seu Luiz. Entre, por favor.
– Vou chamar seu Pedro, o senhor fique à vontade.
– Seu Pedro, o seu Luiz está esperando o senhor na sala.
– Genoveva, acabei de almoçar. Pode tirar meu prato da mesa. Obrigado, a comida estava uma delícia.
– Obrigada, patrão.
Seu Pedro vai até a sala e diz a Luiz:
– O seu Luiz aceita almoçar?
– Acabei de almoçar, seu Pedro. Muito obrigado.
– Vou pedir para Genoveva fazer uma limonada.
– Obrigado, fica para a próxima vez.
– Um cafezinho.

– Cafezinho eu aceito, seu Pedro.
Seu Pedro vai até a cozinha e pede para Genoveva fazer um café.
– Seu Pedro, eu vim trazer as escrituras da fazenda e do sítio. É só o senhor assinar. Como o senhor já pagou tudo, aqui estão os recibos.
– Seu Pedro, licença. Aqui está o café. Tomei a liberdade de trazer uns biscoitos de polvilho que seu Luiz gosta.
– Genoveva, eu nunca comi uns biscoitos saborosos como esses que você faz. Que delícia! E acompanhado deste cafezinho, nossa! É tudo de bom.
– O senhor tem razão de falar assim. A Genoveva é muito prendada[5].
José está dando água para o Pangaré na frente do seleiro.
Ele ensinou o cavalo a dar a pata, deitar, levantar e dormir.
Seu Pedro chama seu Luiz para ver o estábulo onde fica o Pangaré.
– Seu Pedro, o José é filho da Genoveva?
– Só amigo dela e meu.
– Seu Pedro, olha o que ensinei ao Pangaré.
José se abaixa na frente do cavalo e pede:
– Dá a pata!
O cavalo estende a pata.
José se deita no chão e fala:
– Agora vamos dormir.
Pangaré se deita ao lado de José, fecha os olhos e coloca a canela em cima do olho tentando tampá-lo.
– Vamos nos levantar.
José se levanta e o cavalo fica deitado.
– Vamos, chega de dormir, seu preguiçoso.
Pangaré não se mexe.
– José cochicha no ouvido do Pangaré.

---

[5] Na época, prendada era uma mulher inteligente, que sabia fazer de tudo.

Rapidinho ele se levanta e dá uma relinchada.

Seu Pedro e seu Luiz aplaudem.

José e o Pangaré inclinam a cabeça como um agradecimento.

– José, eu tô curioso para saber o que você cochichou no ouvido do Pangaré.

– Seu Pedro, falei que eu escovaria as pernas dele. Seu Pedro, o senhor não percebeu que ele gosta que escove as pernas dele? Vou fazer de conta que eu esqueci, só veja o que ele vai aprontar comigo.

Pangaré caminha até José, encosta a cabeça no ombro do menino e fica até José pegar a escova na mão e escovar suas pernas.

– Eu estou surpreso com a inteligência desse cavalo, seu Pedro.

– Jamais passou pela minha cabeça ensinar o Pangaré, seu Luiz.

– Amigo, vou embora. Amanhã eu volto.

Pangaré vai direto para o lugar onde ele fica durante a noite.

Todos saem do estabulo. E José, indo embora com seu Gumercindo, pergunta sobre cidade grande.

– José, eu não conheço cidade grande. Mas as pessoas que conhecem falam que lá à noite as lâmpadas ficam ligadas e a cidade brilha. As pessoas não têm tempo para família e nem para elas mesmas.

– O senhor já foi lá?

– Não. Dizem que a liberdade é bem pouquinha. Olha, a liberdade que nós temos é outra.

– Tem até algumas pessoas que preferem nas férias visitar o interior, para ter uma vida um pouco mais saudável e tranquila. Mesmo assim eu quero conhecer cidade grande e, quando puder, levo o senhor junto.

– hahahahaaaaa. Eu vou cobrar de você, piá.

José vai imaginando como é um lugar cheio de luz à noite.

O menino vai dormir pensando como seria sua casa com luz.

– Esse café tá da pontinha da orelha[6], mãe.
– O piá, o seu Gumercindo tá te esperando!
– O vô, já vou. O que o senhor tá fazendo aqui a essa hora?
– Vim toma café. Sua vó resolveu brigar logo cedo.
– De novo, vô!
– Fazer o quê. Vai logo meu neto. Sua vó tá virada no chapéu velho.
– E lá vem o senhor. Vô, qual o significado de virada no chapéu velho?
– Na realidade é um ditado do povo mais antigo, é pessoa de mau humor.
– hahahaha cada coisa.
José já chega na carroça tomando conta das rédeas.
– Esse é meu amigo José.
– Bom dia, piá.
– Bom dia, meu amigo senhor Gumercindo.
O macaco Pé, quando escuta o assovio de José, fica esperando na árvore e José vai diminuindo a velocidade da carroça. O macaco pula no colo de José e vai sentado até uma altura do caminho.
– Hoje o dia vai ser ótimo, seu Gumercindo.
– E você está certo, meu amigo José.
– Minha nossa, já chegamos. Obrigado seu Gumercindo.
José desce da carroça e sai andando.
– José, espera aí. Bom dia.
– Bom dia, piá.
– Sonhei que andava na praia e via lá longe o mar e o céu juntos no horizonte. E você falava "acorda, vamos para a aula, anda piá". Eu acordei, eram duas horas da manhã e lembrei da professora contando a história da baleia, as tartarugas e o peixe, e fiquei tão feliz que dormi novamente.

---

[6] Algo bom (Ditado popular)

– Domingos, enquanto você não conhecer o mar você não vai parar de sonhar e imaginar. Desenhe você como no sonho e cole onde você veja todo dia.

– Por quê?

– A força do seu pensamento vai levar você para conhecer o mar de verdade. Eu desenho as coisas que eu quero e elas se tornem reais. E se dá certo comigo, dará certo com você.

Afonso coloca a mão no ombro de José e fala.

– Depois quero te dar um presente, na saída da aula. O Joaquim também vai te presentear.

A aula começa e a professora pede os cadernos de caligrafia para todos.

– Vamos juntar as carteiras e fazer caligrafia no caderno de nossos colegas. Cada um levanta e pega o caderno que quiser. Tem de ser o do colega, não pode ser o seu caderno. A caligrafia será o que eu escrevi no quadro.

Final de aula, os alunos todos foram embora.

Joaquim chama José.

– Esse é presente para o sítio da sua família.

Era um vale de milho de dois anos da Casa Minha Lavoura.

– Joaquim, eu não sei como agradecer você, era o que estava precisando no sítio, muito obrigado!

– Eu que agradeço por você ter salvado minha vida.

– José, aqui está o meu presente e da minha família para a sua. Um casal de porcos: a fêmea está prenha vai dar cria por alguns dias.

José fica numa alegria e parece não acreditar.

– José, o Genival vai levar os porcos e depois ele volta para buscar os sacos de milho.

José vai para o sítio do seu Pedro contente.

– Genoveva, eu ganhei um casal de porcos do Afonso e do Joaquim e um vale milho por dois anos.

– Você tá falando daqueles piás que jogaram os cavalos em cima de você?

– Eles mesmos. Ajudei eles a não serem picados pelas abelhas e eles acham que eu os salvei e me deram esses presentes que eu te contei.

– E você tá que não se aguenta de felicidade.

José coloca a mão no bolso e sai assobiando de alegria.

Genival chega no sítio e seu Francisco está podando uma árvore bem na entrada do sítio.

– Bom dia. O senhor é seu Francisco, pai do José?

– Bom dia. Sou o pai do José e o senhor é quem?

– Sou Genival. Vim trazer esses porcos pro José, ele ganhou do Afonso.

– Ganhou?

– O José ficou no sítio do seu Pedro. Ele explica pro senhor quando voltar.

– Seu Francisco, o senhor não me conhece. Sou sobrinho do seu Gumercindo, trabalho para o pai do Afonso que estuda com seu filho. O senhor vai colocar os porcos onde? Tenho que voltar para buscar uns sacos de milho, que o José ganhou do amigo dele, o Joaquim, que estuda com o José. Na volta o seu filho vem junto e explica tudo para o senhor.

– Seu Genival, o senhor sabe que tudo isso é estranho. O José não me falou nada.

– Pelo que eu sei, nem o José sabia que ia ganhar os porcos e os milhos, seu Francisco.

– Eu só não sei onde colocar esses porcos.

– O senhor entre, seu Genival.

A mãe de José sai na janela.

– Francisco, venha aqui. Homem de Deus! Você enlouqueceu? Comprou porcos e como que você não fala nada para mim?

— E ainda vem milho.

— Você ficou maluco! Vamos tirar dinheiro de onde? Não temos dinheiro nem para comprar remédio pro seu pai.

— Calma, Helena. Depois eu explico.

— Ô mulher agoniada.

— Seu Genival, o senhor me ajuda a colocar os porcos do lado do galinheiro?

— Vamos. O senhor falou agora pouco que não sabia onde colocar os porcos.

— O José me incomodou para fazer esse lugar e, enquanto nós estávamos fazendo, ele falava que imaginava cheio de porcos.

— E o senhor sabe que para chiqueiro só faltava os porcos.

— Como assim?

— Seu Francisco, o senhor fez longe das casas do lado do galinheiro e com cobertura e tem até os cochos.

— O José que colocou essas bacias velhas.

— Uma para lavagem e a outra para água, o senhor não percebeu?

— Para ser bem sincero, eu nem me dei conta. O José às vezes faz cada coisa que não tem explicação.

Seu Francisco coloca os porcos no chiqueiro.

Seu Gumercindo pergunta:

— Seu Francisco, o que é ali naquela árvore?

— Então, era isso que eu falei agora pouco com o senhor, que o José faz cada coisa sem pé e sem cabeça. Às vezes eu acho que ele é fora da realidade.

— Por que o senhor pensa assim?

— O senhor acabou de ver com seus próprios olhos um monte de pau em cima de uma árvore, ele fala que é o avião dele.

— Parece mesmo com um avião.

— O senhor olhe o bico. Ele colocou um balde virado com a boca para a frente um pedaço de lenha como se fosse o corpo do avião. Uma metade de um guarda-chuva de cada lado e a outra metade de outro como se fosse as asas de um avião, um banquinho para ele se sentar.

— Daqui não dá para ver, tem a metade de uma bola que ele coloca na cabeça.

— Eu dou risada dele quando ele começa a fazer barulho com a boca. A Helena fala que ele vai ficar com a boca grande de tanto imitar um avião.

— Seu Genival, o senhor foi a primeira pessoa que veio aqui no sítio e perguntou sobre esse brinquedo do José. O senhor acha mesmo que parece um avião?

— Eu perguntei por que lembrei da minha infância. Eu fazia cavalo de qualquer pedaço de madeira e, quanto ao avião, eu não acho: tenho certeza!

— E a outra árvore tem o quê?

— O senhor tem um olho bom.

— Francisco, o almoço tá pronto.

— O senhor almoça conosco.

— Eu tenho de ir buscar os milhos.

— Almoce, eu e a Helena ficaremos contentes.

— Tá bom. Ficarei para o almoço.

— Helena, eu e o seu Genival vamos almoçar.

— Então naquela árvore José amarra pedaços de pano velho e quando a mãe dele pergunta o porquê de ele amarrar os panos velhos na árvore, ele responde que, no natal, as pessoas enfeitam as árvores para esperar presentes e que ele amarra as roupas velhas para ganhar roupas novas.

— Eu vou mostrar para o senhor um lugar, depois do almoço.

Os pais de José e seu Genival almoçam.

– Parabéns, dona Helena tem bom gosto pelos temperos da comida. Minha tia Joséfa fala que a senhora faz uns temperos muito bons. É verdade. O que ela fala tem razão.

– A dona Joséfa é sua tia?

– Sim, senhora.

– Nossa, como fala esse mundo é pequeno. Quando eu iria imaginar que o senhor fosse sobrinho da dona Joséfa.

– Quando ele falou eu pensei a mesma coisa.

– O seu Genival, vamos lá! Quero que o senhor veja o lugar que falei para o senhor.

Na maior árvore dava para eles subirem.

– Seu Francisco, eu não estou vendo nada, a não ser terra e mais terra.

– E o que o senhor me diz dessa mesa velha e cadeira aqui em cima, dessas madeiras.

– Olha acho que é para ele se sentar e ficar olhando.

– Ele sobe aqui e fica conversando com alguém, eu não sei quem.

– Ele é apenas um garoto, seu Francisco.

– Eu vou buscar o José e trazer os milhos.

Seu Genival vai estrada afora falando nas coisas que José faz. Deve de ter algum fundamento, mas qual? Ele é um piá bom.

José está no sítio do seu Pedro, imaginando os pais, em como será a reação deles.

Seu Gumercindo chega ao sítio em seguida chega seu Genival. José já está pronto esperando do lado de fora.

– Seu Gumercindo, o senhor chegou junto ao seu Genival.

– Se eu te contar que ele é meu sobrinho!

– Sobrinho...

José tá faceiro imaginando um monte de porcos no seu sítio, na carroça junto ao seu Genival ele nem conversa para não atrapalhar os pensamentos.

Seu Gumercindo escuta no caminho somente o barulho da carroça. Dá uma paradinha e seu sobrinho também.

– Tio, o senhor parou por quê?

– Vim ver se o José tá bem...

– Por que, seu Gumercindo?

– Tá um silêncio. Escuto só o barulho da carroça.

– Eu não estou falando para não atrapalhar meus pensamentos e planos...

– Sendo assim, então me desculpe por interromper seu silêncio. Genival hahahaha, essa foi de mais.

– Agora eu vi tudo José hahaha.

Seu Gumercindo sai rindo em direção à carroça.

– Seu Gumercindo me deixa conduzir a carroça.

– O tio, venha comigo.

José sobe na carroça fecha os olhos para se concentrar abre e puxa as rédeas e fala "agora vamos".

– Vamos lá, piá. Agora é sua vez de conduzir a carroça e a vida você quer vencer então jamais esqueça, eu nasci para vencer.

– O tio, o senhor já viu as coisas que o José tem nas árvores do sítio do pai dele? Ele fez eu lembrar da minha infância.

– Eu sempre vou ao sítio do seu Francisco. Acredita? Eu nem sei do que você tá falando.

– Quando nós chegarmos no sítio, o senhor dê uma olhada nas árvores.

– Nossa quando a gente vem conversando o tempo voa.

– E o tio Antônio, vem quando?

– Talvez amanhã...

– Viagem com carroça me deixa cansado.

– Falta pouco, tio. Estamos quase chegando.

No sítio do seu Francisco, seu Gumercindo, José e Genival descarregam os milhos depois eles vão todos ajudar seu Gumercindo a descarregar a mudança de Antônio na casa do seu Gumercindo.

José amanhã você vai com meu sobrinho Genival e volta comigo, eu vou depois do almoço.

– Seu Gumercindo, nós vamos para casa, o José vai ter de explicar como ganhou o milho e os porcos.

– Tchau para todos vocês e tenham uma boa noite.

– Tchau, seu Francisco e José.

No caminho, José conta ao pai dele o motivo dos presentes.

– Você sabe tua mãe vai ficar muito nervosa. Você sabe que ela não admite esse tipo de coisa.

– Vou tentar convencer ela, porém vai ser difícil.

No sítio, a mãe pergunta:

– Muito bem mocinho, vai se sentar e vamos conversar como dois adultos?

– Helena, onde está o martelo?

– Por que eu tô sentindo cheiro de confusão no ar? O que vocês dois estão me escondendo? Francisco, quem vive consertando as coisas do sítio com martelo é você e não eu.

– Pai, eu vi o martelo em cima da tela do galinheiro.

– Eu já olhei e não está.

Seu Francisco olha para o José e dá uma piscadinha.

E José é rápido.

– Ah, eu lembrei! Vi o martelo na casa da vó.

– Vai buscar, José.

– Dá para esperar? Eu quero conversar com esse mocinho.

– Depois você conversa com ele. Agora preciso do martelo para arrumar a cerca... Helena, o José ganhou os porcos e os milhos. Depois que ele for dormir eu te conto.

– Tá certo. E além do mais, tenho que tomar um banho. O dia foi cansativo! Vamos deixar para conversarmos amanhã na hora do café.

O dia amanhece e José vai ver os porcos. Genival chega e José sai correndo.

– Tá animado, piá? Logo cedo nesse ânimo.

– Eu não consegui dormir bem à noite. Aí, para espertar, vim na corrida.

Mal os cavalos andam e José desmaia no sono.

Passam pelo macaco Pé, que pula e grita. Genival fica olhando e chama José.

– O piá, acorda.

– O que foi?

– Tem um macaco louco. Ele pula de galho em galho.

– Pé, vem pular, meu amigo! Você quer banana?

José pega a banana na sacola e dá para o macaco Pé.

– Agora vai para sua casa.

O macaco sai correndo e pulando. Dá um grito e some na mata.

– José, você fez amizade de verdade. É difícil um macaco vir pegar banana da mão de um humano, quanto tempo de amizade?

– Quase quatro anos.

– Seu pai fica preocupado com você em andar longe para ir à escola, mas pelo que eu vi acho você um menino inteligente, capaz de se cuidar sozinho.

– Meus pais sabem que eu fiz amizade com todos os vizinhos, antes eu cortava caminho por dentro do milharal depois que eu vi uma cobra cruzeiro passar na minha frente nunca mais, prefiro andar pelo caminho certo do que ariscar a vida.

– Como é andar longe para estudar, sem amigos você deve de se sentir sozinho...

– Tem dia que eu quero desistir, mas não posso e amigos, eu tenho um amigo que se chama Deus, e quando ele vai ele deixa perto de mim seus amigos e nós vamos conversando até na escola.

– Aí piá por falar em escola estamos aqui.

– Obrigado, seu Genival.

– Se cuide, piá.

– José, você ficou sabendo o que aconteceu com a nossa amiga Joséfina?

– Acabei de chegar, Jacinto.

– Ela estava brincando na frente da casa com outras crianças e uma delas começou a caçoar do nome dela e dava risada. A Joséfina pegou um pedaço de pau e bateu na cabeça da menina e o povo tá falando que a menina foi parar no hospital. A mãe da Joséfina foi na delegacia e contou que a menina sempre caçoava do nome da Joséfina e os pais da menina vão ter que responder pela filha. A menina estuda aqui na parte da tarde.

– Bom dia, meus alunos.

– Bom dia, professora.

– Professora Orandina, me explica uma coisa: como pode o pai ou a mãe responder pelo erro do filho.

– Jacinto, o pai, a mãe, ou quem cuida da criança é o responsável pela criança até os 18 anos. Ou seja, se a criança fizer algo errado, ela é encaminhada junto ao responsável para as autoridades decidirem no que eles vão poder ajudar a criança. Perante a sociedade, é necessário cuidar para que ela não se meta em confusão novamente.

– A senhora já soube o que aconteceu com a Joséfina?

– Sim, já tô sabendo. As duas são minhas alunas, a outra aluna estuda no período da tarde. Na sua opinião, qual das meninas estava errada, Jacinto?

– A aluna da tarde.

– Na realidade as duas.

– As duas, professora?

– Ué, professora, não consegui entender...

– Houve agressão das duas partes, Jacinto.

– A menina caçoava do nome da Joséfina.

– E a Joséfina por ter agredido a colega com um pau na cabeça.

– Você viu uma foi parar no hospital. E se ela tivesse morrido, como ficaria a vida da Joséfina?

– Jacinto, quando nós vamos ficando irritados com alguém, uma hora damos um ponto final e, geralmente, acaba em agressão física ou moral. Pode ter certeza que nenhuma delas é uma atitude correta.

– Professora, o que é agressão verbal?

– Quando alguma pessoa chama a outra de retardada, idiota, imbecil...

– Existem outras agressões morais, psicológicas.

– Professora, o que vem a ser as outras duas.

– Agressão moral é tudo aquilo que vai contra os bons costumes. Exemplo, um homem fala "aquela mulher é sem vergonha". Ele está agredindo-a moralmente, ou seja, ele está acusando de uma coisa que ela não é. Agressão psicológica é uma pessoa falar para outra que ela não tem capacidade de vencer na vida, que ela ou é feia ou gorda ou magra demais.

– Professora, é complicado tudo isso.

– Não é que seja complicado. São as pessoas que complicam por motivo muitas vezes para simplesmente não ter o que fazer da vida, ou sem sentido.

O intervalo voa por ser apenas 15 minutos.

Dentro da sala de aula o comentário era sobre a atitude da Joséfina.

Elizabete pergunta para a professora qual a diferença da agressão para agressor.

Beatriz grita "chega". Os alunos todos olham para traz, espantados.

A sala toda de aula fica em pleno silencio.

– Calma, Beatriz.

– Você tá ficando louca para que gritar desse jeito na sala?

– Veronica, você não sabe o que tá falando.

Beatriz vai até na frente da sala.

– Professora Orandina, me dá licença.

– Fique à vontade.

– Eu vou mostrar para vocês o que é agressão.

Beatriz ergue a blusa.

A sala toda permanece em silêncio.

– Sabem o nome disso? Agressão! Todos os dias que meu pai chega bêbado bate na minha irmã caçula e em mim. Alguns de vocês sabem qual a dor, não? Eu não faço educação física com vocês de vergonha de mostrar as marcas da maldita cinta. Eu queria saber o porquê desse inferno chamado agressão. E se vocês quiserem continuar falando de agressão eu saio da sala.

José se levanta da cadeira, vai na direção de Beatriz e abaixa sua blusa. Ele a abraça. Alguns alunos fazem a mesma coisa, outros ficam no lugar sem saber qual atitude tomar.

– A professora Orandina se levanta e fala.

– A aula está encerada por hoje.

Alfredo chegando em casa lembra do que aconteceu na sala de aula e conta para a sua mãe. Lágrimas escorrem dos olhos dos dois.

– Mãe, depois eu vou ajudar meu pai a terminar de pintar a cerca.

– Alfredo, seu pai e eu queremos ver você estudando para se formar como advogado.

– Eu não quero ser advogado, já falei para vocês.

– Alfredo, o que você que ser na vida?

– Eu vou ser pintor de casa igual meu pai.

– Seu pai é pintor porque não teve oportunidade de estudar. Diferente de você que tem oportunidade, até para ser pintor tem de ter estudo.

– Vou pintar com pincel, para que tenho de estudar?

– A pintura é calculada por metro quadrado por quarto, sala, cozinha... vai somar, dividir, multiplicar, diminuir, escrever... então, meu filho Alfredo, você acha que ainda não precisa de estudo?

– Vou estudar, mas para ser pintor de casa.

No sítio, seu Pedro e seu Gumercindo estão vendo a chuva longe. José se aproxima e seu Gumercindo fala:

– José, olha lá a danada da chuva. Estamos indo naquela direção.

– Pelo jeito é tempestade – José responde.

– O bicho vai pegar... e agora?

– Vamos assim mesmo. Com tempestade ou sem, temos que chegar em casa.

Os raios pareciam cair na terra e os cavalos chegavam a ficar assustados.

Seu Gumercindo mostra para José que eles estão perto do sítio, o menino chacoalha a cabeça, a carroça passa num buraco que José quase voa de cima.

Seu Francisco está do lado de fora do sítio esperando o filho, seu Gumercindo chega e José desce e acena com a mão. Na casa, dona Helena espera o filho e o esposo com duas toalhas e a janta pronta, quentinha, em cima do fogão a lenha. Roupas secas barriguinha cheia, barulho da chuva bate o soninho e José vai bem quietinho para cama.

– Francisco, eu quero que o José pare de estudar. Esse piá vai acabar ficando doente, é chuva, sol.

– Você quer ver nosso filho formado ou igual a nós dois? Olhe nossa vida, o que nós temos eu e você? Mal a quarta série. Se eu tivesse estudo a gente não sofria. Iríamos ter uma casa perto da escola, de mercado, farmácia, hospital e não um sítio longe de tudo.

— Mania de grandeza, Francisco. Temos que nos conformar.

— Ter estudo é sinal de um futuro ótimo. Isso não é mania de grandeza, Helena.

— Vou lavar a louça, senhor Francisco.

O dia amanhece, seu Gumercindo chega no sítio e José já tinha ido à escola.

— Bom dia, seu Gumercindo.

— Bom dia, seu Francisco.

— O José acordou cedo e já foi para escola.

— Bom dia, seu Francisco. Dormi demais. A chuva da noite foi boa.

— Foi mesmo, Gumercindo.

— Vou indo. Às vezes encontro com José no caminho. Até mais tarde, seu Francisco.

— Até logo seu Gumercindo.

José não chega em sítio nenhum e para onde o seu amigo macaco está.

— Pé, sua vida é boa. Eu na noite passada escutei minha mãe falar que vai me tirar da escola. Isso me deixou triste. Toma, come essa banana, que eu vou tomar esse café e comer esse x-mico.

O macaco ri.

— Você quer saber o que é x-mico?

José sabe que quando Pé quer saber qual o significado das palavras que ele fala, o macaco pede com sorriso.

— Pé, x-mico é quando pega o pão e coloca a banana no meio e come assim ó... hum bom hein...

O macaco ri e ri novamente isso significa que entendeu.

— Meu amigo, se cuide.

José continua andando e, dessa vez, o macaco não pulou de galho em galho como fazia. Porém andou ao lado do amigo, como se fosse para a escola.

Pé sai correndo, pula em uma árvore e começa a gritar.

– O que foi? Venha aqui! – diz José para o macaco Pé.

– Ah, garoto inteligente. É a carroça vindo, eu não escutei. É o seu Gumercindo. Não precisa se esconder, vem.

José sobe na carroça. "Vamos", diz seu Gumercindo para José.

– Olá, seu Gumercindo. Pode deixar, eu vou andando. Assim ganho mais tempo para pensar.

– Olá, José! Sobe, vamos conversar.

José sobe e fica em silêncio.

– Dormiu com os parentes reunidos, com a bunda descoberta, com o burro amarrado. Tá chateado, triste, desanimado, cansado, sem fé, com fome para estar com essa cara feia, perdeu a namorada, marcou encontro e ela deu o cano.

– Mas o senhor me faça o meu favor: de onde tirou tanta coisa para falar, chega a doer meu ouvido.

– E aí, desembucha.

– Eu fui pro quarto e minha mãe achou que eu tinha dormido, só que eu estava acordado. Ela falou pro meu pai.

José enche os olhos de lágrimas e fica segurando para o choro não vim. Seu Gumercindo para a carroça e fala.

– Temos um tempo, não se preocupe com o horário. Chore, José.

– Seu Gumercindo, é feio homem chorar.

– Quem falou isso? Você acha que eu nunca chorei? Esses velhos olhos já derramaram muitas lágrimas.

– Se a minha mãe me tirar da escola, vai ser como ela tirar meu futuro, dela, do meu pai e dos meus avós.

José chora tanto que seu Gumercindo é obrigado a descer da carroça para não chorar junto.

– Seu Gumercindo, vamos, eu preciso chegar à escola.

Seu Gumercindo, em uma tentativa de fazer José se animar, começa a puxar conversa.

– Piá, você é de sorte. Ganha de seus amigos porcos e milho.

– Seu Gumercindo, quem cria porcos daqui da redondeza que o senhor conhece?

– Somente o seu Jairo, para consumo da família. Uns 300 quilômetros, em Rio Fundo, dizem que tinha um povo que vendia os pedaços. Mas, José, na volta me espere.

– Tchau, seu Gumercindo. Vai com Deus e se cuide.

– Amém.

Já na sala de aula a professora Orandina:

– Bom dia, meus amores.

– Bom dia, professora Orandina.

– João Carlos, sua prima Angelita faltou novamente.

– Eu já falei para ela parar de só querer dormir. Tá sempre cansada, minha tia fica irritada todos os dias com ela e eu nem passo mais na casa dela para não dar briga.

– Professora!

– Fala, Ivo.

– A senhora ficou de mostrar hoje a nova escola para nós.

– Sim, eu lembro.

– Bom dia, professora.

– Bom dia, Angelita. Atrasada novamente. Eu ia mostrar para seus colegas de classe a nova escola, estava esperando ver se você ia chegar.

– Me desculpe, eu estou muito cansada.

– Menina, você precisa de ânimo. Vamos lá conhecer a nova escola.

– Professora, o nosso bosque vai continuar?

– Sim, foi uma exigência dos pais, professores e educadores. Existe uma condição: os alunos terão de preservar o bosque e a escola.

— Professora, ficou muito grande a escola. Já vai bater o intervalo e não conseguimos ver toda a escola.

— Rosa, nós vamos voltar segunda-feira para ver a outra metade.

— Nossa, então ela é enorme!

Os alunos ficam muito felizes com a nova escola.

— Juca, olha os vidros. São transparentes e nós vemos o bosque. Antônia, vai do lado de fora e coloca a sua mão na minha.

Antônia faz sinal para o Juca colocar o nariz no vidro, ele coloca e ela arregala os olhos e enfia o dedo no nariz dele e sai rindo.

— Foi estranho, mais engraçado diz Juca.

E Juca ri.

— Clarice, vamos nos sentar no banco.

— Qual deles? No rosa, verde, lilás, azul ou branco?

— Em qual você escolher.

— Isabel, vamos nos sentar no banco rosa.

— E cadê o namorado?

— Você é doida, fala baixo. Vamos antes que o intervalo acabe.

— Quem aqui gosta da aula livre?

Todos erguem a mão.

— Vocês farão o que vocês quiserem dentro do que aprenderam, em sala de aula.

— Professora, eu posso fazer sobre a escola nova.

— Sim, não só pode como deve, Tereza.

— Professora, posso ir tomar água?

— Não demore, Angelita.

— Posso ir junto?

— Vai, Veronica. Por favor, na volta passem na sala da diretora e me tragam os papeis coloridos. Vamos fazer umas bandeirinhas depois da aula livre.

– Professora, eu acho que vai ter muito aluno se perdendo dentro dessa escola.

– Por isso em cada canto terá um mapa indicando o caminho certo.

– Professora está aqui o que a senhora pediu.

– Obrigado. Venham aqui na frente e peguem os papeis a cola e a tesoura dividam com o colega.

Os alunos começam a recortar e colar as bandeirinhas, Angelita está escrevendo no papel que era para ela recortar a bandeirinha.

– Angelita, você não está fazendo as bandeirinhas por quê?

A menina bem disfarçada e desatenta levanta-se e esquece do papel de recorte que ela estava escrevendo em cima da mesa do seu primo João Carlos. Os alunos já fizeram a quantidade de bandeirinhas necessárias e sobrou alguns papeis coloridos e cola.

– Vamos deixar tudo limpinho. As meninas juntam as tesouras e colas, os meninos juntam os pedaços de papel e jogam no lixo.

– Professora, posso levar esse papel colorido que sobrou para casa?

– João Carlos, o que você vai fazer com esse papel?

– Eu vou dar de presente para minha mãe.

– Um papel de presente. Só o papel, você não acha um tanto esquisito?

– Minha mãe gosta de coisa colorida.

– Leve já que ela gosta.

Vem a tarde, chega noite no silêncio do sono. Os pulmões com vida se enchem como um passe de mágica e a vida agradece o milagre de Deus.

Chega sábado, José se levanta e vai até onde estão os porcos, dá água e lavagem, vai ao galinheiro pega alguns ovos, dá água e milho a elas.

Olha para a árvore onde está o avião vai até na casa e pega um caderno, lápis, borracha, sobe na árvore e se senta no avião.

Ele lembra de quando a mãe pega e corta os pedaços da galinha para fazer para família comer. No caderno o menino escreve em cada pedaço da galinha um sinal de igual e um valor ao lado, faz a mesma coisa com o porco.

Quando o pai de José acorda, ele sai para fora da casa e olha o menino sentado em seu avião em cima da árvore e vai até ele.

– José, o que você faz aí em cima da árvore? Desce, vamos tomar café.

– Pai, já falei para o senhor que esse é o meu avião. Eu estou planejando nosso futuro. Depois eu preciso conversar com o senhor e mostrar como podemos ganhar dinheiro.

– Vamos tomar café.

– Eu não estou com fome.

– José, todo fim de semana ou você fica nesse avião ou naquela árvore sentado na cadeira velha, olhando para o nada e escrevendo. Na outra árvore você fica pegando nos panos velhos que amarrou nos galhos. Isso me preocupa. O que acontece com sua cabeça? Já cheguei a pensar que você tivesse problema sério. Um piá como você tem que brincar.

– Pai, eu brinco. O senhor não vê?

– Vem comer agora. Não estou perguntando se você tá com fome. Desce daí...

José é um menino muito inteligente e sofre por seus pais não conseguirem entendê-lo. Depois do café da manhã dona Helena vai olhar como estão os avós do filho.

– Pai, agora que nós tomamos café, quero mostrar o que eu estava fazendo. Eu não tenho nenhum problema.

– Como que não. Olha a prova: você desenhou uma galinha inteira e depois ela cortada os e vem me dizer que isso não é problema?

– O senhor vire a folha.

– O que você quer fazer colocando preço nos pedaços de galinha?

– Vender. Olha, se nós vendermos ela limpa inteira é um valor. E se a pessoa quiser os pedaços, é outro valor. Exemplo: a dona Maria quer cinco coxas de galinha, nós vamos vender, ou ela quer dois peitos de galinha.

– José para isso temos de ter uma balança e uma geladeira. Isso precisa de dinheiro.

– Eu já calculei tudo. Primeiro vendemos os frangos por uns seis meses e não podemos gastar o dinheiro para comprar todas as coisas que precisaremos. Vamos experimentar. O que o senhor acha?

– É boa a sua ideia. Podemos ver se vai dá certo.

– Vai dar certo. Temos de pensar positivo.

– Vamos falar com sua mãe.

– Pai, tem uma coisa que eu tô triste.

– O que aconteceu?

– Eu escutei minha mãe falar para o senhor que eu não vou mais estudar. Pai, eu não vou fazer isso que minha mãe quer. Ela fica preocupada comigo em ir para a escola. Eu tenho planos para o futuro e nele inclui vocês e meus avós.

– Eu não quero que você pare de estudar, filho. E você não vai parar...

Dona Helena chega e José fala.

– Mãe, eu não vou parar de estudar. Por que a senhora fica preocupada comigo?

– Você não se manda.

– Mãe eu não disse que eu me mando. Se a senhora tem um pouco de amor por mim como a senhora fala que me ama, deixe-me estudar.

– Olha como você confunde amor com cuidado e preocupação. Eu e seu pai não terminamos nossos estudos e vivemos do mesmo jeito.

– Eu fujo de casa se a senhora me tirar da escola.

– Fuja! Quer ir agora, vai...

José sai caminhando vai bem longe e se senta no meio do campo em um morro de onde fica olhando a casa dele, chorando enxugando as lágrimas e falando em voz alta.

– Eu não vou parar de estudar. Eu fujo para bem longe e minha mãe vai me ver somente quando eu ficar adulto e formado.

José acaba adormecendo no meio do campo. Seu pai vai procurá-lo e volta sem o menino.

– Francisco, me dê conta do José.

– Eu andei por todos os lugares onde ele anda e não o vi em canto nenhum.

Começa a noitecer e José volta para casa.

– Onde você foi, piá? Teu pai te procurou até ficar cansado. O que você pensa da vida em...

O menino desconsolado olha para mãe e vai direto para o quarto.

Chega o domingo e o menino fica sem motivação e nem vontade de fazer nada.

– Helena, o José vai estudar sim até o dia que ele quiser. Eu já falei: o nosso único filho não vai ser igual a nós.

– Eu não quero. E se acontece alguma coisa com ele a responsabilidade é nossa.

– Ele só tinha 8 anos quando começou a estudar. Quinze dias depois eu vendi a carroça, ele foi caminhando até agora. Ele vai sim continuar com os estudos e não quero que nem você e ninguém falem o contrário.

O pai de José o chama.

– José, venha aqui. Você não vai parar de estudar.

– Não posso contrariar minha mãe.

– Sua mãe deixa que eu me entendo com ela. Dá tempo ao tempo e ela vai ver como ela está errada...

– Se o senhor tá falando, eu acredito nas suas palavras, meu pai.

– Agora vai falar com sua mãe.

– Mãe, eu amo a senhora, mas olha: nada irá acontecer comigo eu tenho um amigo que não me abandona, e foi a senhora quem me mandou ficar amigo dele, Deus, somente ele sabe do que eu necessito.

Helena olha para o filho e fala:

– Eu também amo você José quero que procure me entender sou mãe...

Segunda feira José vai com seu Gumercindo numa boa prosa que só. Na sala de aula a professora pede:

– Paciência... Vamos esperar mais um pouco o João Carlos e a Angelita chegarem.

João Carlos chega triste na sala de aula.

– Professora me abrace.

A professora Orandina, sem saber o motivo, abraça-o.

– Menino o que foi?

– Minha prima Angelita, os meus tios a levaram para capital, a boca dela ficou roxa quando ela caiu do balanço e as unhas pretas, a minha outra prima foi junto, ela vai chegar daqui apouco e vem direto aqui na escola.

– João logo ela vai estar conosco.

– Fiquem em silêncio. Vou falar com a diretora e vocês podem ficar no pátio.

A professora vai contar para diretora, nisso chega a prima do João.

– Eu sou Rebeca prima do João e da Angelita.

A professora Orandina dá uma cadeira para Rebeca percebe que a menina está nervosa.

– Sente-se Rebeca e a minha aluna Angelita como ela está?

– Os médicos falam que ela está com um problema no coração e vai fazer cirurgia, minha tia sabe explicar exatamente o que é.

A professora chama os alunos para a sala de aula.

– Nossa amiga Angelita vai fazer uma cirurgia.
– Professora, cirurgia do que?
– Do coração, Veronica, todos vamos orar.
– Professora, posso ir ao banheiro.
– Ivo vai junto com ele, não deixe o João sozinho.
– Sim, senhora.
– Eu aproveitei e trouxe os papeis coloridos para nos continuarmos fazendo as bandeirinhas.
João Carlos e Ivo voltam do banheiro.
Meninos vamos voltar a fazer as bandeirinhas para inauguração da escola.
– Nossas bandeirinhas descolaram professora.
– Porque traga aqui quero ver.
– Elas não descolaram.
–Vocês colaram o papel sem o barbante, agora não tem mais papel colorido e vai faltar um bom pedaço.
– Professora, eu lembrei, tenho o pedaço de papel que a senhora me deu sexta-feira para eu levar de presente para minha mãe.
– João Carlos, me traga aqui que vou recortar as bandeirinhas que faltam.
Ao abrir o papel a professora observa que o papel está rabiscado.
– João, o papel está riscado.
– Como! Quero ver professora.
– A senhora veja do outro lado letra é da Angelita.
– Professora o que a Angelita escreveu?
– Deixe-me ler depois eu falo para vocês.
"– Ai, eu não acredito que minha mãe vai fazer isso novamente ela tem que me chamar bem agora, eu prometo que amanhã eu vou voltar e irei tomar café com vocês.

– Bisavó amanhã cedo coloque minha xicara na mesa eu vou ficar e tomar café com vocês, bisavó porque a senhora chora, meu coração entristece, bisavô o senhor sempre está rindo pro meu pai vocês foram pesca o meu pai traz peixe para mim, a minha bisavó tem que fritá-los e a minha mãe parece que não gosta de vocês ela tá sempre me chamando aí porque minha mãe faz isso, eu amo vocês bisavós porque vocês estão me mandado embora, eu prometo não derrubo mais café na sua toalha branca com rosas floridas tem até pássaros porque eles voam assim saindo da toalha de mesa, pai o senhor mostra aquela velhinha quem ela é nossa ela vem em minha direção eu conheço ela sou...

– Não entendo o motivo do choro da minha mãe e nem o porquê eu escrevi nesse papel colorido, vocês podem não acreditar mais eu me sinto muito feliz quando estou ao lado do meu pai.

– Quando me sinto muito cansada o meu pai vem e pega na minha pequena mão e me leva para comer e brincar eu só não gosto quando ele faz eu voltar, na casa do meu pai tem um grande amor que jamais vi em outro lugar.".

– Professora, a senhora ficou pálida, está tudo bem?

Os alunos ficam agitados ao ver a professora sem reação.

– Vou falar com a diretora.

– Professora, deixa eu ver o que a prima escreveu.

– Depois.

A professor Orandina chega à sala da diretora.

– Leia isso.

Diretora fica olhando para professora.

– O pai e os bisavós da Angelita estão mortos!

Chega um professor na sala da diretora e diz:

– Diretora eu estou com dois alunos que brigaram no banheiro mando eles entrar?

– Leve para orientação.

O professor leva os alunos e volta.

– Vocês duas parecem assustadas.

– Leia esses rabiscos.

– É da aluna que vai fazer cirurgia.

O professor lê.

– Só há uma coisa a fazer, guardar e mostrar para ela quando voltar.

A diretora arruma uma pasta coloca dentro e entrega para a professora Orandina guardar.

– Os alunos querem que eu conte o que está escrito, e agora?

– Diga que nós não conseguimos entender a letra...

José chega ao sítio e os cachorros, Pingo, Pinguinho, Espingarda, Ligeirinho e Chumbinho ficam numa alegria que só.

– Meus amigos, desse jeito vocês vão acabar me derrubando.

– Bom dia, senhorita Genoveva.

– Bom dia, José. Daqui há pouco eu termino o almoço. Com quantos anos você começou a estudar e qual sua idade hoje?

– Comecei com 8, tô com 12 anos.

– E o seu Pedro?

– Ele deu uma saída deve de estar voltando, faz tempo que ele saiu.

– Genoveva, o seu Pedro tem que idade?

– Cinquenta e dois.

– E você?

– Quarenta e oito.

– Se vocês se casassem iria ser muito bom.

– Piá, você me respeita.

– Me desculpe, eu não queria faltar com respeito, eu vejo o jeito que ele olha para você.

– Eu sou piá mas eu não sou burro vai dizer que você nunca percebeu.

– Vá trata do pangaré, quando a comida ficar pronta eu te chamo.

José sai e Genoveva com seus olhos amendoados fica a pensar, esse piá fica procurando coisa onde não existe, vê se seu Pedro vai da confiança para mim ou segundas intenções ai ai ai ai.

– Pangaré, seu Pedro e a senhorita Genoveva vão se casar e nem sabem eu vejo os olhares dele para ela.

José não percebe que Genoveva está atrás dele e seu Pedro do lado de fora, os dois escutam tudo.

– José para quem mais você falou isso!

José está de costas para Genoveva e responde.

– Somente para o Pangaré.

– Se o seu Pedro fica sabendo eu tô na rua. Ele pode me mandar embora ou eu pedir as contas. Não quero que você repita mais isso.

Seu Pedro se esconde atrás da porta do seleiro que abre para o lado de fora e olha Genoveva sair furiosa com José.

Ela vai pisando duro com a saia longa de flores delicadas, erguendo a ponta da saia para não arrastar no chão.

Seu Pedro espera um pouco e entra no seleiro.

– Bom dia, José.

– Bom dia, seu Pedro.

– A senhorita Genoveva falou que o senhor tinha dado uma saída e ia voltar logo.

– Tive que dar uma saída. Vamos almoçar.

– O senhor quem manda.

No almoço Genoveva fica calada, seu Pedro sai caminhar no sítio.

– Genoveva, precisa de ajuda?

– Enxugue a louça para mim.

José começa a enxugar a louça.

– Genoveva, você tem o olho da cor do meu avô.

Ao terminar de enxugar a louça ele nota Genoveva arruma a blusa com um certo decote nas costas e percebe que ela tem uma marca de nascença que é formato de um peixe e lembra que já tinha visto em alguém, só não lembrava em quem era.

– Genoveva, terminei.

– Obrigada, José.

O menino vai até seu Pedro.

– Seu Pedro, o que o senhor quer que eu faça agora?

– Nada por enquanto.

– Seu Pedro, eu preciso mostrar uma coisa para o senhor.

– O quê, José?

– Venha comigo.

– O que nós vamos fazer fora do sítio? Volta lá e avisa a Genoveva que iremos dar uma caminhada.

– Sim, senhor.

José volta correndo.

– Genoveva o seu Pedro e eu iremos dar uma volta fora do sítio vamos demorar um pouco.

– Obrigado, José.

José volta correndo.

– Pronto, seu Pedro. Avisei. É aqui seu Pedro.

– Você quer que eu entre embaixo da cerca? José, aí não tem nada, é só um monte de mato.

– Seu Pedro, a cerca fica em cima do mato. Vem!

– José, como você achou esse lugar?

– O Pingo saiu correndo atrás de um tatu, eu vim atrás dele que acabou entrando aqui embaixo da cerca.

– Seu Pedro aqui é grande e a cachoeira vem lá da serra, entre o seleiro e aquelas pedras que vai bem no alto da serra tem um buraco bem no meio.

– O outro lado da cachoeira tem um monte de pedra, elas são bem estranhas.

– Agora eu sei tá explicado o barulho de água que vem do poço, as pedras eu nem quero ver deixe para lá.
– O senhor tem de ver elas são estranhas eu vou buscar umas.
José entra ao lado da cachoeira, coloca algumas pedras no bolso da calça e vem em direção ao seu Pedro e as mostra.
– O senhor viu como elas são estranhas.
Seu Pedro se senta no chão da caverna e fica como uma estátua.
José passa a mão na frente dos olhos do seu Pedro.
– Minha nossa, matei o homem? Seu Pedro, o que está acontecendo? Ôoo seu Pedro.
E seu Pedro não responde. José bate palma fortemente.
– Nossa, até que enfim. O senhor me deu um susto, pensei que tinha morrido.
– As pedras são esmeraldas.
– José não fale para ninguém sobre esse lugar.
– Eu vim com meus amigos se esconder das abelhas, só entramos no começo eles não chegaram a entrar aqui onde nós estamos mesmo porque estava escuro, o senhor pode confiar em mim.
– José, eu confio em você. O que eu não confio é nos outros.
– Se for que eu estou pensando muita coisa vai mudar, na minha vida e na sua.
– Por enquanto vamos deixar as pedras no lugar que elas estavam.
Seu Pedro e José voltam pela estrada.
Genoveva olha os dois entrando pela porteira.
– Seu Pedro eu fiz o café, a mesa está arrumada.
– Obrigada Genoveva vamos lavar as mãos.
No café seu Pedro e José estão muito animados felizes e rindo.
– Aconteceu alguma coisa com vocês dois para tá nessa alegria.
– Nós vimos um passarinho verde hahahaha, né seu Pedro.

– É José hahahaha.

– E os dois acham que enganam quem?

Seu Gumercindo chega ao sítio do seu Pedro e José está lá fora esperando.

– Vamos José vai vir um pé de água daqueles.

– Olá, seu Gumercindo, tô indo.

– Seu Pedro segunda eu estarei novamente aqui, tchau – José sobe na carroça.

– Seu Gumercindo a chuva tá vindo e pelo jeito vai ser feia.

– Eu tenho uma capa e a outra é para você se cobrir.

– Vamos colocar antes de nos molharmos.

A chuva começa e com ela o gelo, seu Gumercindo puxa as rédeas e os cavalos começam a diminuir os passos.

José e seu amigo Gumercindo conseguem falar um com o outro. A estrada que não era boa ficou pior.

Quando eles olham para frente a chuva vem de encontro com eles seu Gumercindo não é de usar chicote ele ensinou os cavalos Paciencioso e Sossegado somente ele dá um longo e alto assobio e eles começam a correr, chegando na frente do sítio José desce e corre para dentro de casa onde sua mãe está esperando com uma toalha seca e um delicioso cafezinho.

– Mãe não sei o que seria de mim sem a senhora.

– Tá com frio, filho?

– Não a capa de lona é quente e o chapéu não passa água, o cafezinho quentinho, só minha mãe mesmo para fazer essas coisas.

Ele abraça e beija sua mãe com tanto carinho.

– Nossa, em todo esse tempo que eu vou para a escola não lembro de ter apanhado uma chuva desse jeito com tanta pedra, foi feio, eu achei que meu amigo seu Gumercindo ia parar no meio do caminho, mas ele permaneceu firme, foi corajoso, eu fiquei assustado.

– José eu vou vender o sítio e comprar outro mais próximo da escola, até lá você vai parar de estudar, nós ficamos com coração na mão até você voltar, a escola é muito longe de casa.

– Pai eu não vou parar de estudar quero uma vida melhor para vocês e meus avós, nunca reclamei da distância, apenas estou falando da chuva.

– Eu vou dormir.

– Espere a janta.

– Tô sem fome.

– Acho que enfiamos os pés pelas mãos.

– Calma, mulher. Ele vai ver que é melhor para ele, depois que vendermos aqui e comprarmos outro mais perto da escola ele vai volta a estudar novamente, tá decidido ele vai estudar até o final do ano.

– Francisco, eu acho melhor nós pensarmos bem. Vai que esse piá fica doente.

– Helena, isso não irá acontecer.

– E sabe do que mais? Vamos procurar acalmar nossos corações.

– Vem cá, deixa eu te abraçar, tudo vai dar certo pode ter certeza, vamos dormir, escute o barulho, que chuvinha gostosa.

José está inquieto na cama, rola de um lado para o outro. Quando o dia começa a amanhecer é que ele consegue dormir.

Os pais do menino já estão acordados.

– Francisco vai ver se o nosso filho está dormindo.

– Tô indo, Helena.

Francisco olha o filho dormindo com a sacola de pano e os cadernos abraçados ao peito, o pai tenta tirar dos braços, porém ele não consegue.

Francisco conta para helena que ele não conseguiu tirar a bolsa dos braços do filho, somente aí eles percebem o amor do filho pelos estudos.

O subconsciente do menino é tão forte pelos estudos que nem o pai conseguiu tirar os livros dele mesmo dormindo.

– Francisco, temos de proteger o nosso filho. José não tem idade para estudar longe.

– É meu pai falava a mesma coisa para mim e olha quem sou eu hoje...

– Os cachorros tão fazendo barulho vou ver se tem alguém aqui.

– Entra seu Gumercindo.

– Bom dia, seu Francisco.

– Bom dia, seu Gumercindo.

– Seu Francisco e o José está bem?

– Sim.

– A Helena acabou de arrumar a mesa vamos tomar café conosco seu Gumercindo.

– Bom dia, dona Helena.

– Bom dia, seu Gumercindo.

Entre uma caneca de café e outra.

– Vim ver como está o José, ele deve de ter se assustado ontem, até eu fiquei assustado, que dirá ele. Como diz meu pai: vi a viola em caco.

– E aqui não choveu, foi bem na hora que vocês chegaram que a chuva veio.

– A Joséfa falou a mesma coisa.

– Seu Francisco, choveu pedra ainda bem que eu coloque uns arcos de ferro e a lona por cima se não a carroça iria encher de pedra, se eu parasse aí sim ficaria perigoso.

– Meu tio vinha de carroça e parou embaixo de uma árvore no meio de uma tempestade, de repente ele sentiu um puxão na carroça, era o cavalo que saiu em disparada. Depois disso ouvimos um barulho e a terra tremeu, meu tio olhou para trás, bem no lugar onde ele parou a carroça caiu um raio que abriu a árvore ao meio, ele fala que se não fosse o cavalo ele teria morrido.

– Meu pai contava que os animais sentem nas patas quando vai chover e cair raio, eles sabem onde vai acontecer.

– Seu Gumercindo vou lavar a capa e o José vai devolver para o senhor.

– A senhora pode deixar ela pro José, a Joséfa fez umas quatro eu comprei lona e ela fez.

– E porque o senhor não trouxe a dona Joséfa para nós tomar um chimarrão.

– Ela ficou arrumando a casa para a filha que vai chegar com a família.

– Ontem eu fui ajudar ela.

– Ela contou que a senhora está ajudando a semana toda e pensa numa alegria que a Joséfa fica, ela gosta muito da senhora, dona Helena.

– Seu Francisco vim convidar o senhor, seu pai e o piá seu para irmos pescar amanhã.

– Tem um bom tempo que eu não pesco a que horas o senhor quer ir?

– O que o senhor acha umas sete horas pro senhor tá bom?

– Opa, vamos sim.

– Seu Gumercindo traz a dona Joséfa, fala para ela vir passar o dia comigo e minha sogra.

– Eu trago ela amanhã, dona Helena.

José acorda e escuta a voz do seu Gumercindo ele se levanta e vai até ele.

– Opa, meu amigo.

– Bom dia, meu amigo Gumercindo, tudo bem?

– Tudo, eu vim ver você e convidar seu avô, seu pai e você para irmos pescar.

– Que bom. Nossa, pai, faz um tempão que nós não pescamos.
– Eu acabei de falar isso.
– E aí amigo ficou assustado com a chuva ontem?
– Que temporal foi aquele! Eu achei que o senhor ia errar o caminho, nossa a chuva vinha de frente.
– Eu pensei hoje e amanhã o rio vai ter bastante peixe por causa da chuva.

Tomaram café e não me chamaram.

– Olhe a hora.
– Nossa, 10h30, por isso que estou com dor de cabeça dormi quando o dia estava amanhecendo.

Seu Gumercindo vai embora e José fica todo contente.

– Pai, vou atrás do galinheiro, lá tem bastante minhoca e as traias de pesca vou dar uma limpada.
– Vou deixar tudo por sua conta, José.
– O senhor não vai se arrepender, a mãe vai junto?
– Ela vai ficar aqui com sua vó e a dona Joséfa.
– Para pescaria vai somente os homens.
– Por que elas não podem ir junto conosco?
– Elas podem ir junto a hora que elas quiserem, José, quando você crescer vai ver que tanto o homem como a mulher precisam de um tempo para si mesmos.
– Mas pai se o homem depende da mulher e a mulher do homem para ter filho não entendo o porquê dessa separação.
– Porque cada um tem de ter um tempo para si mesmo.
– José existe coisa que mulher gosta de conversar com mulher e homem gosta de conversar com homem.
– Tá, então o senhor me dê um exemplo de cada coisa.

– Veja só mulher gosta de conversar sobre comida cuidar de casa lavar passar roupa e uma conta para outra, como foi ganhar um filho como criar melhor, elas passão experiências e isso serve de ajuda[7].

– O homem fala com outro sobre conserto de casa, cerca telhado e outras coisas você não fique preocupado na hora certa vai aprender, sobre o tempo de mulher e do homem[8].

O menino lembra da conversa dos pais e acaba ficando muito desanimado.

No domingo ele vai na pescaria e nem parece que ele estava lá.

– Na volta para casa José vem calado.

Chega segunda-feira e o menino vai para a escola, ele esquece da banana para dar ao Pé e quando ele chega no caminho onde o amigo costuma esperar a banana José passa e Pé fica olhando, ele percebe que algo não está bem com o menino.

A aula começa e os pais de José não vieram na reunião porque é longe para eles virem a pé.

Os professores são apresentados aos alunos José não consegue prestar atenção, a aula termina e ele vai direto para o sítio de seu Pedro, Genoveva chama.

– José, vem almoçar.

– Não estou com fome...

– José, fritei torresmo vem.

– Obrigado, Genoveva. Vou ficar aqui com Pangaré.

– Seu Pedro, o José deve de tá doente para rejeitar torresmo...

– Deixa ele prepare um prato de comida para ele.

– José, nós estamos esperando você para almoçar, vem logo estamos com fome.

José se senta à mesa e fica calado, come pouco, agradece e sai.

Ele termina o serviço e chega a hora de ir embora.

---

[7] Diferente de hoje, essa era a visão da época.
[8] *Idem.*

– José, vem cá o seu Gumercindo não vem te buscar.
– Ele terminou a mudança, agora o genro dele vai embora com a família.
– Você está doente?
– Não.
– O que está acontecendo.
– Nada.
– Vem cá, pega o Pangaré e o Trovão.
– O senhor quer que eu os coloque onde?
Se fosse em outro tempo o José estaria perguntado: "o senhor vai sair", só que dessa vez não argumentou nada.
– José, pode ir embora.
– Amanhã eu venho seu Pedro.
– Amanhã iremos ter um trabalho.
Seu Pedro chama José e entrega uma carta.
– Essa carta é para você entregar nas mãos do seu pai.
– Ele vai saber o que fazer, não leia.
– O senhor pode confiar seu Pedro, não vou ler.
– José vá com a carroça, além do mais você sabe comandar ela melhor do que eu.
– Meus pais não vão gostar e irão brigar comigo.
– Por isso eu escrevi a carta.
– José, toma, leva esses torresmos.
– Obrigado, senhorita Genoveva.
José sobe na carroça e vai embora, no caminho ele pensa no seu Pedro, o que ele escreveu naquela carta, bem logo vou saber o que ele aprontou agora.
O menino chega em casa.
– O José e essa carroça?

– O seu Pedro mandou eu vir com ela.

– José, está tão aborrecido que esquece de entregar a carta.

– Você entrega essa carroça amanhã. Se acontece alguma coisa com que dinheiro vamos pagar?

– Mãe, seu Pedro mandou eu vir com a carroça. Amanhã eu devolvo e nunca mais eu pego. Eu falo que a senhora ficou muito irada. Vou descansar até na hora da janta.

– Depois eu te chamo.

José lembrou dos torresmos foi até a carroça e trouxe eles.

– Ela acertou. Nós não tínhamos uma misturinha para janta e, nossa, ela foi bem generosa, vai dar pro almoço de amanhã.

José começa a pensar em como fazer chouriço e na hora do jantar ele pergunta a mãe se é difícil fazer a iguaria.

– Sua avó sabe. E por que essa pergunta agora?

José se lembrou da carta. Ele levanta e vai até a carroça.

– Sente e coma onde você vai?

– Pegar uma carta que seu Pedro mandou pro pai.

– Primeiro termine de jantar depois você pega.

– Tá bom, mãe.

– O que tem escrito na carta.

– Ele pediu para não ler e entregar ao senhor.

José ajuda sua mãe com a louça depois de tudo limpo o pai de José pede para ele ir pegar a carta.

–Helena, sente perto do José para eu ler a carta.

"– Seu Francisco, eu conheço o José menino muito bom e honesto, ele lembra meu filho, vejo nele um futuro ótimo e de muito sucesso, eu posso ajudar o José.

– Vocês sabem educar esse piá, eu gosto dele por essa ótima educação é que me levou a querer ajudar ele. A única coisa que eu quero que o senhor me prometa é que jamais vai deixar ele parar de estudar, porém eu sei que eu nem deveria estar pedindo isso para o senhor, sei que o senhor é um homem inteligente e não irá permitir que esse tipo de coisa venha acontecer.".

– José, você foi falar para o seu Pedro que você vai parar de estudar?

– A senhora ensinou-me que o que se passa dentro de casa os outros de fora não precisam saber.

– Pai e o senhor conhece muito bem como eu sou e sabe que eu nuca falaria isso com seu Pedro.

– Deixem eu terminar de ler depois a gente conversa sobre esse assunto.

– Estou dando o Pangaré para o José.

– O Pangaré vai ser meu?

– A carroça e o Trovão são para a família.

– Se algum curioso perguntar fala que eu vendi para o senhor, não precisa agradecer.

– Francisco e agora o que vamos fazer?

– Vamos fazer aquilo que ele pediu.

– Nossa homem é difícil acreditar no que seu Pedro escreveu.

– Ele escreveu e assinou.

A família sobe na carroça e dá uma voltinha no sítio.

O dia amanhece, seu Francisco tira o Pangaré da carroça e José sobe nele. Ele vai todo risonho para o sítio de seu Pedro, deixa o Pangaré lá e caminha para a escola.

– Minha professora muito amada, que a senhora venha a ter um excelente dia.

– Bom dia, José, nossa você está muito feliz. Eu nunca ganhei um bom dia assim, estou gostando disso, você está adiantado ainda faltam 15 minutos para começar a aula.

– Eu vim mais cedo para fazer companhia para a senhora.

Passam os minutos e na sala de aula começam a chegar os alunos, a professora se levanta.

– Bom dia a todos.

– Bom dia, professora.

– Faltam apenas dois dias para o ano letivo encerar e teremos, como todos os anos, uma festa. Como de costume, os alunos que quiserem escrever para seus amigos uma carta, um recado, uma poesia, esteja à vontade. Amanhã iremos começar as brincadeiras, vocês podem brincar do que quiserem desde que seja uma brincadeira sadia.

– Vamos fazer uma lista do que cada um vai trazer de comida e a bebida será suco que a escola irá distribuir.

– Professora, este ano passou muito rápido eu sou aluno da senhora desde o primeiro ano e o ano que vem vou para quinta série[9], o tempo voa.

– José, quando eu te vi eu tive certeza de já ter te conhecido.

– Eu lembro, a senhora ainda falou "eu pareço que conheço você de algum lugar".

– Professora, eu fiz a lista das coisas, e você, José, vai trazer o que?

– Muito bem, Joséfina. Só falta você, José. Fala logo.

– Joséfina, eu preciso falar primeiro com minha mãe.

– Nossa parece que você não tem comida na sua casa, não tem nem um pacote de bolacha que você possa trazer?

José pensa: "se ela soubesse que mal temos para come ela jamais faria esse tipo de comentário".

A professora Orandina sabe como a vida do José é difícil e fala:

– Ele vai trazer um bolo de chocolate conversei com a mãe dele e ela contou que faz bolo que é uma delícia.

– Hoje vocês podem ir para casa o sinal do recreio tocou, estão dispensados.

---

[9] Atual sexto ano.

– Professora a Joséfina me deixou transtornado, ela é doida... muito obrigado pela ajuda.

– Não precisa agradecer.

José segue em direção ao sítio do seu Pedro, quando ele chega abraça Genoveva e seu Pedro.

– Muito obrigado seu Pedro por tantas coisas boas que tem feito em nossas vidas, não sei como agradecer o senhor.

– Estude. Essa é a melhor forma de você agradecer.

José faz tudo do jeito que seu Pedro gosta, chega a noite ele vai para casa.

Chega em casa e a mãe fez dois bolos de chocolate, um para José levar para escola.

– Mãe como a senhora sabia do bolo?

– Eu lembrei que amanhã será o dia da festa na escola e tinha um pouco dos ingredientes, o resto ganhei da dona Joséfa que deu para eu fazer o bolo para você levar.

– Mãe, como Deus me ama...

– Eu sei disso desde do dia que você nasceu.

Helena olha para o filho e pensa se você soubesse que nem roupa tinha para vestir não te conto por que não quero viver de passado.

– Filho, seus avós ficaram muito felizes com ajuda do seu Pedro.

– Eu vou jantar com eles.

– Não demore muito eu quero que você venha dormir cedo.

José volta com a barriguinha cheia e vai dormir.

No dia seguinte se levanta cedo, toma banho, passa perfume e vai para a festa na escola.

Chega no sítio do seu Pedro entra no estabulo, deixa o Pangaré e sai.

– Bom dia, seu Pedro. Deixei o Pangaré no estabulo como nós combinamos.

– Bom dia, José. Hoje é só festa na escola.

– O perfume tá de sentir longe, quer conquistar quem?
– Ela é a dona de um par de olhos verdes se o senhor ver... eles são lindos.
– E tá apaixonado, vai logo.
Chegando na escola José vai para sala de aula.
– Bom dia, meu povo.
– Bom dia, fazendeiro.
– Hahaha eu fazendeiro vocês não têm o que inventar.
– Bem, vamos fazer uma oração agradecendo a Deus por mais este ano letivo.
"Senhor nosso Deus pai poderoso, queremos agradecer por mais este excelente ano letivo, por ter nos abençoado e nos guardado mesmo nos momentos mais difíceis da nossa vida, muitos de nós começamos querendo parar e desistir de tudo, porém o Senhor nos amparou nos carregou em seu colo e hoje estamos aqui para agradecer por tudo, sabemos que nossa jornada é enorme, porém o Senhor é bem maior. Amém."
Os alunos aplaudem.
Vamos nos servir.
A confraternização está linda, os alunos no refeitório comem, riem e brincam.
Os alunos pedem para a professora começar as brincadeiras.

Joséfina
Para Professora Orandina
Nas asas do ensino aprendi rir das histórias da língua portuguesa contos encantos.

Chorei, emocionei-me nos números de matemática e até me perdi com tantas contas. Multipliquei, dividi, somei, diminui problemas matemáticos e percebi que eu realmente conseguia resolver alguns, mesmo errando outros. Acertei nas asas do ensino, aprendi e nem percebi.

De: Rosa
Para: Professora Orandina esse vai para sua pessoa
Nascemos com um destino, porém chegamos a certa etapa da vida e achamos que fazer a coisa certa é errada e a errada é a certa.
Tomamos atitudes que fazem com que nos arrependamos e muitas vezes ficamos ali sem reagir
Se a vida fosse fácil nem a rosa teria tantos espinhos, porém nas duas encontramos a verdadeira riqueza.
Na rosa uma flor de exuberante beleza, porém com seus espinhos.
E na vida nada se perde quando se tem um grande amor.

De: Mariana
Para: Professora Orandina
Chegar na sala de aula é uma alegria para aprender e uma decepção quando eu não encontro a solução.
Vejo-me perguntando onde estou?
Não sei o que estou fazendo aqui poderia ser igual a minha borracha
Apagar tudo, mas qual seria o verdadeiro motivo, preciso aprender

Que sala de aula é para os inteligentes se tornarem sábios assim como a senhora.

De: Angélica
Para: Professora Orandina
Nos olhos do menino vejo a bagunça na sala de aula entre tantos
Aproximo-me da janela e vejo um longo e duradouro caminho com curvas que me levarão para longe... Há uma faculdade a me esperar; uma professora irei me tornar. Levo em minhas lembranças a ideia de que um dia fui criança.

De: Josival
para: turma quarta série A
Sabe por que tem pimentão que nasce vermelho?
De raiva por não ter nascido verde hahahaha.

De: domingos
Para: A quem poça interessar eu só quero conhecer o mar.

De: Maria.
Para: O futuro da humanidade
Quero um mundo melhor, mais verde, com passarinhos a voar
Rios e nascentes jamais podem acabar
Para quem nos preservamos o planeta terra?

De: Afonso
Para: José
 Amigo você é um exemplo de vida.

De: Juca.
Para: minha irmã Izabel
Te amo muito além da vida.

De: Joaquim
Para: Rosa
 Esses seus olhos são a coisa mais linda que os meus já enxergaram.

De: Gustavo
Para: Professora amada Orandina
 Quando chegar ao limite da paciência lembre que Cristo ultrapassou as forças foi além da vida e da alma.

De: Elza.
Para: minha amiga, professora Orandina
 Foi na caligrafia que encontrei a verdadeira forma de expressar meus verdadeiros sentimentos
Há cada letra A aprendi Amar
B Bondade.
C Compaixão, carinho, compreensão e hoje aprendi que o fim do ano letivo é apenas o começo de um novo horizonte onde o brilho só é possível para quem aceita suas cores como o arco-íris que brilha assim
Como você.

De: Veronica
Para: os nossos rios lagos cachoeiras.
 Que vocês rios jamais venham a acabar, que a humanidade saiba te preservar, parem com a poluição nos rios.
Possamos em águas limpas nadar, e que rios de águas barrentas e turvas saibamos cuidar.

Que os lagos possam nossas paisagens embelezar, num futuro bem distante que nossos tataranetos venham sentar-se à beira do lago este

Lago fez parte dos antepassados de meus antepassados onde eles enxergavam essa beleza de tantas riquezas

Que nossas cachoeiras permaneçam inquietas com suas águas e quedas

A paisagem em sua volta seja cheia de verde vida, onde até as orquídeas vivam com suas belezas e magias onde a eterna cachoeira viver.

De: Nair

Para: as estrelas

Olho para o céu e fico admirada com as estrelas de infinidade de cores, qual é o seu segredo? Por que tu brilhas mais na lua cheia e durante o dia dormes?

és a dama da noite ou amante do sol

onde ficas durante o dia que eu não consigo te apreciar?

De: Clarice

Para: os mares

Onde encontro vocês na imensidão de águas salgadas

Por que razão me apaixonei por você, sei que suas cores podem ser

Cinza, verde, até azul que a fome da humanidade venha saciar e os pescadores e suas famílias sustentar

Quero que tu sejas patrimônio da humanidade somente assim deixarei o direito de te preservar e não de acabar com a vida marinha

Se os peixes e baleias podem falar a todos os seres vivos do mar diriam necessitamos de vocês animais racionais.

De: Antônio

Para: o inventor da caneta

Qual sua face, queria ter sua inteligência, quantas vidas você escreveu

Eu aqui tentando escrever sobre você quero decifrar seus segredos amores e medos num simples pegar e com meus dedos vida ao papel tu das

Necessito de entendimento para decifrar como a caneta se sente horas condenando horas, absolvendo, a vida dela é assim com tantas cores e amores.

De: Cristófoli

Para: os amigos

Queria que o ano não acabasse, juntos nós nos formássemos e até a faculdade chegássemos.

De: Tereza

Para: fala

Perante algumas pessoas sou uma menina sem futuro

Pois falta-me a fala, porém eu escuto bem, sei que se nascesse com o dom da voz ela seria a voz mais linda que alguém escutaria

Palavras de conforto falaria e que se a voz que tanto queria ter eu a teria

Ainda assim eu pensaria 2, 3, 4, vezes para falar que o pior da humanidade

É olhar para mim e sentir pena ou dó, sei da capacidade e da minha inteligência e que talvez falte nas pessoas aceitar que não é o que queremos e sim o que conseguimos ser.

De: Marieta

Para: preconceito

Sou chamada de gordinha não me importo sei que eu me amo

Com minhas qualidades e defeitos, acho que devemos de aceitar as pessoas como elas realmente são ninguém traz escrito na testa "sou gordinha sim", mas meu coração sabe amar, respeitar tenho sentimento

O pior preconceituoso é aquele que não aceita seu próximo como ele é

Sou feliz pelo que sou a opinião dos outros para eu não importa.

De: Beatriz
Para: meu Pai
Pare de beber pinga todos os dias, eu e meus irmãos estamos cansados
De tanto apanhar nossa mãe foi embora e o senhor continua com a bebida, na última surra que o senhor deu na minha irmãzinha de 4 anos ela apenas pediu água e o senhor quase matou ela
Foi uma semana de febre sem parar, o meu irmão de 16 anos tomou a sinta da sua mão na última semana ele chega do serviço e o senhor vem chamar ele de imprestável e ainda quer bater
Eu estou com marcas nas pernas da garrafa que o senhor quebrou perto de mim alguns cacos de vidro acabaram as cortando
Jamais sairão de minhas pernas, as cicatrizes.
Mas as piores marcas estão no coração, eu peço todos os dias perdão
Para Deus limpe meu coração e venha libertar o senhor do vício do álcool
Mesmo com tudo ainda nós te amamos porque não temos coragem de te abandonar pense nisso o senhor pode correr atrás do tempo perdido e reconquistar seus filhos.

De: Carmelia
Para: o carrinho de mão
Querido e amado carrinho de mão obrigado por você existir
Meu pai te construiu lá no fundo do quintal deu vida para você
E para mim, meu amado carrinho de mão, você é minhas pernas
Para na vida eu lutar e vencer mãezinha colocou em você acolchoado e uma linda cobertinha rosa para minhas lindas pernas tortas em você não bater, meu amado carrinho de mão, abençoado, fica aí

do meu lado, jamais me abandona, mesmo que às vezes a chuva te tome eu ainda te amarei

Molhado ou encharcado ou até rachado do sol você sempre será por mim amado, sei que sem você e meu paizinho eu seria mais um ser humano sem conhecimento de números e letras te deixo aqui escrito no papel sou o que sou e devo ao senhor papai do meu coração muito obrigado pelo meu tão amado carrinho de mão.

De: Jacinto
Para: o livro
Te levo e te trago dono de tantas escritas e vidas por onde passa
Em você muitos aprendem, outros dependem para viver
Ensinas mais para quem encontra força de vontade em te ler
Às vezes fica no canto esquecido, jogado, maltratado, rabiscado
Orelha de burro em você não deveria de ter, mas está ali calado desanimado e lá dentro bate uma vontade imensa de chamar uma criança e dizer me peque e leia-me, ensino coisas e caminho
Para outros que venham depois de mim fiquem felizes assim nas mãos humanas levar esperança de quem ama aprender.

De: Israel
Para: O papel
 como pode ser tão sem graça de repente passa com suas
Linhas encantar até quadrinhos os números consegues deixar

Limpas a classe mais baixa até alta sociedade, que ninguém vê usar, porém todos usam

És de um inestimável valor mesmo para aqueles que te deixam de lado

Até no rabisco tens valor, pintado pelas mãos de uma criança vemos a esperança chegar

Papel qual sua face são muitas linhas para eu te decifrar todo tempo que tenho seria pouco para eu poder escrever sobre você.

De: João Carlos
Para: Cacheiros

Vovó contava que andava um homem e seu amigo vendendo tecido pelo interior do Paraná um se chamava Genival e o outro Florisval eles vieram lá do Nordeste trabalhando traziam um monte de tecido todos a gosto do freguês, colorido, lisos, grossos ou fino de puro algodão linho.

Os dois davam certo, um era medroso e o outro era nervoso e conheceram um fazendeiro, homem do dinheiro.

Convidou eles para irem passar um tempo na fazenda para descansar

Ele falou, quando vocês chegarem na porteira que corre uma baita cachoeira, vocês contam cinco porteira... vai dar uma pernada boa. A última porteira passa bem ao lado de uma cruz que ninguém sabe como foi parar lá. Ali perto já viram de tudo um pouco que vocês possam pensar.

Os amigos chegaram na cidadezinha chamada Chico Ferreira e lembraram do tal fazendeiro Genival medroso convidou Florisval nervoso para irem para fazenda do tal amigo.

Florisval tinha um sério problema, cada vez que ele ficava nervoso dava gargalhada e logo começou a rir hahahaha, você lembra que ele falou da última porteira que tinha uma cruz que as pessoas viam coisas que não dava para acreditar, e Genival eu em vai dizer que você tá ficando que nem fio de pai assustado, eu em cabra medroso aqui é você eu sou cabra macho com dois m eu nunca vi cabra com dois m.

Quer dizer muito macho e para te prova vamos lá.

Os dois passam uma duas três quatro porteiras o cabra doido esqueceu é foi de conta essa é a quinta.

Genival grita me valha minha mãe é agora a mala resolve de fica pesada

Me de aqui eu levo e você leva as bananas.

Florisval você não acha que tá escurecendo preto.

E cabra da peste desde quando você viu escurecer sem ficar preto

Hahahaha e você tá nervoso porque vou acender o lampião

Eu não acredito você trouxe um lampião hahaha junto com tecido

É só que eu não trouxe os tecidos A cabra safado e agora?

Hahaha acenda o lampião deu um baita clarão.

Genival fala Florisval atrás de você o que minha nossa é um caixão hahaha

Os dois deixaram as bananas a mala o lampião e lá se foram correndo pela escuridão correndo feito um clarão.

De: Manoel

Para: minha família

O meu pai estava pregando a última tabua da reforma da casa quando de repente ele gritou.

Ai ai ai ai

Meu irmão que estava em cima do telhado desceu desesperado
O que foi pai?
Minha mãe perguntou: "o que foi dessa vez?"
Eu vim correndo e encontrei meu pai segurando o dedo
Meu irmão consolando meu pai falou: "liga não, pai, a semana passada eu cortei o sapato"
"E o que tem o meu dedo cortado com seu sapato?"
"Pai a dor é a mesma, hahaha".

De: Ivo
Para: o natal
Qual a cor do natal será que você acredita no seu brilho?
Eu acredito no brilho, na pureza do natal. O presente que eu tanto pedi para o papai Noel eu ganhei, curar minha irmãzinha de pneumonia.

De: Nailto
Para: minha amada
Venho no teu ouvido falar com verso e prosa te encanta.
No lombo do meu cavalo para bem longe te levar
E no caminho parar para flores do campo eu apanhar
Vou com cheiro de mato nas mãos fica somente para te agradar
Tudo por você procuro fazer
Sou homem de sorte que vou te levar

Do lado esquerdo do peito eternamente vai ficar e jamais deixarei de te amar.

De: Alfredo
Para: o sol
Como seria a terra sem você me pego a pensar se aqui longe muito longe tu és forte e ardido, imagino será que algum dia o ser humano chegará a tua estrela? És de um encanto e magia incalculável.

De: Raimunda
Para: consciência
Qual o preço da consciência? O homem pode até tentar achar
Que ela não tem preço
Ela é a riqueza mais cara da terra
Jamais chegará a ter o mesmo preço do subconsciente
Pois seu valor é inestimável considerado semelhante ao universo.

De: Elizabete
Para: José
José eu chorei e me emocionei, antes achava você muito burro, em um ano aprendi muito com você.

Eu sempre escutava a Carmelia pedir eu quero correr você pegava o carrinho de mão feio horrível saia correndo com ela onde já se viu no recreio todo suado correndo com ela aos gritando "olhem! Olhem! eu consigo correr é meu amigo José e quando ela erguia as mãos eu achava o cumulo.

Aí teve um dia que eu a escutei perguntar.

José, é bom ter pernas?

Nesse belo dia a escola todinha parou para ver vocês.

José pegou ela e a colocou num banco e de joelhos ficou, alguns alunos ajudaram, colocaram Carmelia no seu cangote

Você saiu andando com ela nas costas foi a cena mais linda que meus olhos viram, um amigo servindo de perna para sua amiga que soube qual é o prazer de poder caminhar.

De: José
Para: meus amigos
Por onde andei amigos deixei e sempre voltarei a conversar, rir e chorar de emoção. O tempo passará, mas nossa amizade prevalecerá.

Muito bem meus amados aluninhos eu tenho uma notícia ótima para vocês eu irei ser uma das professoras de quinta série o ano que vem.

Os alunos fazem a festa, pulam, gritam, choram, abraçam. A professora os beija no rosto na cabeça e todos ficam muito felizes, ela retribui o carinho e a atenção, os alunos sabem que ter a professora do lado deles lhes trará segurança, atenção, amor e alegria.

– Vamos aos comes e bebes.

– Os alunos comemoram mais um fim de ano letivo

José está em casa de férias e sua curiosidade em aprender fazer chouriço é grande, ele vai até a casa de sua avó.

– Bença, vó.

– Deus te abençoe, meu neto José.

– Vó, minha mãe falou que a senhora sabe fazer um delicioso chouriço bem temperadinho.

– Sei. A receita foi minha avó quem ensinou. Primeiro tudo tem de estar limpinho, o local, as facas... Depois do porco limpo, retira os resíduos das tripas, lava, pega a colher de pau e usa para virar a tripa. Depois de limpa escalda com água quente e corta rins pulmões, fígado, toucinho; corta tudo bem fininho. Coloca um bom punhado cebolinha verde e dois dentinhos de alho bem amassados e fritos numa vasilha de plástico e cobre; em seguida pega o sangue, um pouquinho de arroz cozido e mistura todos os ingredientes; enche as tripas e amarra as duas pontas... não pode deixar nem um espaço sem encher porque na hora do cozimento pode furar... e depois coloca em uma panela com água quente e aos poucos vai fervendo. Quando as tripas começarem a ficar esbranquiçadas está na hora de retirar.

– Depois de pronto esquenta a banha e frita hummm é uma delícia para comer com feijão preto e arroz branco.

– Mais que mal lhe pergunte o que você quer saber dessa receita? O que essa cabecinha tá inventando?

– Eu pensei em fazer chouriço e linguiça para vender.

– E seus pais já sabem dessa sua nova loucura?

– Como assim, vó?

– Meu neto, você ainda não aprendeu que seus pais acham e veem você como um bebezinho?

– Eu sou um homem.

– Para os pais os filhos sempre serão pequenos, mesmo eles sendo maiores que os próprios pais.

– Fale com eles sobre sua vontade, passe segurança para eles é assim que eles irão ver que você cresceu.

– Eu gosto de conversar com a senhora acho muito inteligente seu jeito de pensar.

– Aprendemos com o passar do tempo se eu fosse inteligente muita coisa seria bem diferente, porém é como dizia meu pai "cada coisa tem sua hora".

– Tenho que ir, minha vó. Tchau.

José sai correndo volta e sua vó o chama.

– Volta aqui, José.

– Pronto, vó. Tô aqui o que foi? Nossa que susto, pensei que a senhora estava passando mal.

– E estou com sua educação, cadê minha bença?

– Ai desculpa, vó. Bença.

– Deus te abençoe, José, durma bem, sonhe comigo e não caia da cama.

– Hahahaha pode deixar amo a senhora.

– Eu também te amo.

José chega em casa todo feliz com mil planos na cabeça.

– Que felicidade é essa, José, viu passarinho verde?

– Mãe lembra quando eu perguntei se a senhora sabia fazer chouriço e a senhora respondeu que somente a vó sabia então eu fui perguntar para ela.

– José, você tá com vontade de comer chouriço?

– Estou querendo fazer para vender.

– Você sempre sonhando alto demais. E de onde teve essa ideia?

– Eu perguntei para mim mesmo como posso melhorar nossas vidas e quando acordei a resposta estava lá diante meus olhos, o chiqueiro, caminhei até a janela e imaginei um monte de chouriço vendia e ganhava muito dinheiro.

– Filho eu tô pasma em ver como você cresceu essas conversas são de homens adultos.

– Mãe eu vou começar a fazer os desenhos de como será, quanto vou gastar, as pessoas que podem me ajudar, quando terei de pagar a elas. A senhora está vendo aquele avião de brincadeira ele vai ser real.

José vai para seu quarto e lá começa um projeto.

– Francisco o José falou para você que ele tá querendo fazer chouriço e linguiça para vender?

– Hahahaha.

– Por que você riu?

– O José não vai ser como nós com mínimas condições, Helena, este nasceu para ser rico.

José sai do quarto e o rádio de pilha está ligado na cozinha.

– Sua mãe me contou de seus planos eles são bons.

– O senhor gostou?

– Vai me ajudar?

– Eu tô com o desenho aqui na mão.

– Olha mãe, vem ver.

O menino coloca os desenhos e gastos em cima da mesa, seus pais ficam impressionados com a inteligência do filho e olham um para o outro.

– José tem que ver que o preço do milho aumenta o valor de tempo em tempo – diz o pai de José.

– Já calculei tudo com o aumento.

– Pai, tudo que o senhor for falar eu já fiz.

– Hoje nasce um homem chamado José Munhoz da Cunha Neto, um dos homens mais ricos, é como serei conhecido.

Os anos se passaram e o que José determinou aconteceu. Ele continuou estudando e, ao terminar seus estudos, tornou-se um empresário que vendia carnes de frango e porco.

Seus avós, pais, amigos e, até mesmo, vizinhos o ajudaram. Ele precisou de exatos 10 anos para se tornar uma potência e como a lei da natureza acontece, seus avós faleceram. Dois anos depois disso ele se casou com Rosa teve quatro filhos – uma menina e três meninos.

O avião de brinquedo ainda permaneceu intacto no hangar da sua imensa fazenda.

Assim como José temos que acreditar para que sonhos virem realidade e a realidade seja sempre repleta de sonhos.

Quem sonha em voar alto jamais pode ter medo de sair do chão.

Segunda edição.
(A Verdadeira História)

A escritora Mary Marilete
Conta a história real do livro
No Caminho Para a Escola

Deus do Universo deu-me um presente verdadeiro que vai alem da minha vida.